写给家长的教养攻略
——孩子校园生活的挑战与应对

《写给家长的教养略》编写组　编著

浙江科学技术出版社

图书在版编目（CIP）数据

写给家长的教养攻略：孩子校园生活的挑战与应对 / 《写给家长的教养攻略》编写组编著．—杭州：浙江科学技术出版社，2019.3

ISBN 978-7-5341-8568-7

Ⅰ．①写… Ⅱ．①写… Ⅲ．①小学生－家庭教育 Ⅳ．① G782

中国版本图书馆 CIP 数据核字（2019）第 010115 号

书　　名	写给家长的教养攻略——孩子校园生活的挑战与应对
编　　著	《写给家长的教养攻略》编写组
出版发行	浙江科学技术出版社
网　　址	www.zkpress.com
	地址：杭州市体育场路 347 号　邮政编码：310006
	编辑部电话：0571-85176593
	销售部电话：0571-85176040
	E-mail：zkpress@zkpress.com
排　　版	杭州享尔文化创意有限公司
印　　刷	浙江新华印刷技术有限公司
开　　本	710×1000　1/16　　　印　张　14.25
字　　数	240 000
版　　次	2019 年 3 月第 1 版　　印　次　2019 年 3 月第 1 次印刷
书　　号	ISBN 978-7-5341-8568-7　定　价　58.00 元

版权所有　翻印必究

（图书出现倒装、缺页等印装质量问题，本社负责调换）

责任编辑　施　忆　　**文字编辑**　郭晗铃　　责任校对　马　融
责任美编　金　晖　　　　　　　　　　　　　责任印务　崔文红

《写给家长的教养攻略》编写组

主　编　赵　晶

副主编　卢笑影　王红梅　张俊杰　俞春群　周月平　王彩玉
　　　　　陈晔军　林　杨

编写成员（按姓氏笔画排序）
　　　　　王红梅　王凌燕　王彩玉　叶思珮　李　安　李　峰
　　　　　刘珠球　张　捷　陈玲云　陈晔军　林　杨　林小刚
　　　　　金楚楚　周月平　单苏颖　胡　蔚　项小飞　俞丹英
　　　　　俞君青　俞春群　徐温茯　黄晓华　屠微芳　温旭珍
　　　　　潘云云　潘晓丹

插　画　朱淑湘

前　言

养育孩子是件不容易的事，因为我们今天的种种努力，要在以后二三十年的未来，才能显现结果。人类一向对未来预测不准，而且如今的世界正以前所未有的速度，一刻不停地发生着变化。2016年世界经济论坛报道，现在的小学生长大后，我们今天从事的65%的工作都将不复存在。这让我们实在拿不准，现在教给孩子的各种技能和品质，在2050年是否依然有用。既然我们无法准确预测变化的结果，那么唯一能做的，就是掌握在变化中生存的本领。我们希望家长在家庭教育中，就开始为孩子做好应对变化的准备。

《写给家长的教养攻略——孩子校园生活的挑战与应对》就是我们献给关注孩子未来的家长的礼物。

在这本攻略中，我们将家庭教育建立在新近发展的脑科学研究基础上，从大脑发育的规律和特点出发，为您提供具体、可操作的教养建议；

在这本攻略中，我们采用积极心理学和成长型思维的原理，在帮助孩子解决问题的同时，养成孩子乐观、自信、理性的心理品质和心智模式；

在这本攻略中，我们将家庭教育的成效定位在未来，培养批判性思维(critical thinking)、沟通交流(communication)、合作协同(collaboration)和创造创意(creativity)等4C能力，帮助孩子形成应对变化和不确定性的核心素养。

《写给家长的教养攻略》编写组
2019.1.1

目　录

适应力

- **003**　孩子离开家长就哭闹怎么办？
- **009**　孩子害怕老师怎么办？
- **013**　孩子经常迟到怎么办？
- **018**　孩子压力大总生病怎么办？
- **023**　孩子不喜欢学校餐怎么办？
- **029**　孩子不会求助怎么办？
- **033**　孩子情绪容易失控怎么办？
- **039**　孩子不敢尝试新事物怎么办？
- **045**　孩子身体协调能力差怎么办？
- **051**　孩子在意身体变化怎么办？

管理力

- **059**　孩子书桌杂乱怎么办？
- **064**　孩子做事拖拉怎么办？
- **070**　孩子不会理财怎么办？
- **076**　孩子经常忘带东西怎么办？
- **082**　孩子个小超重怎么办？
- **088**　孩子不会选兴趣班怎么办？
- **094**　孩子不讲卫生怎么办？
- **099**　孩子视力下降怎么办？
- **105**　孩子沉迷网络怎么办？

领导力

- 113 孩子不顾他人感受怎么办?
- 118 孩子感觉孤单怎么办?
- 123 孩子待人不友好怎么办?
- 129 孩子不敢表达想法怎么办?
- 134 孩子总是告状怎么办?
- 139 孩子有了外号怎么办?
- 144 孩子总是讨好同学怎么办?
- 149 孩子和手足难相处怎么办?
- 154 孩子受欺负怎么办?
- 159 孩子暗恋同学怎么办?

学习力

- 167 孩子阅读理解有困难怎么办?
- 173 孩子做题粗心大意怎么办?
- 179 孩子不会写作文怎么办?
- 184 孩子学不好英语怎么办?
- 189 孩子不会做应用题怎么办?
- 194 孩子记不住知识怎么办?
- 199 孩子上课走神怎么办?
- 205 孩子自暴自弃怎么办?
- 210 孩子缺乏学习动机怎么办?
- 216 孩子题目检查了还出错怎么办?

1 适应力

Adaptability

孩子离开家长就哭闹怎么办？

方法 1　建立安全型亲子依恋关系
方法 2　帮助孩子形成安全感

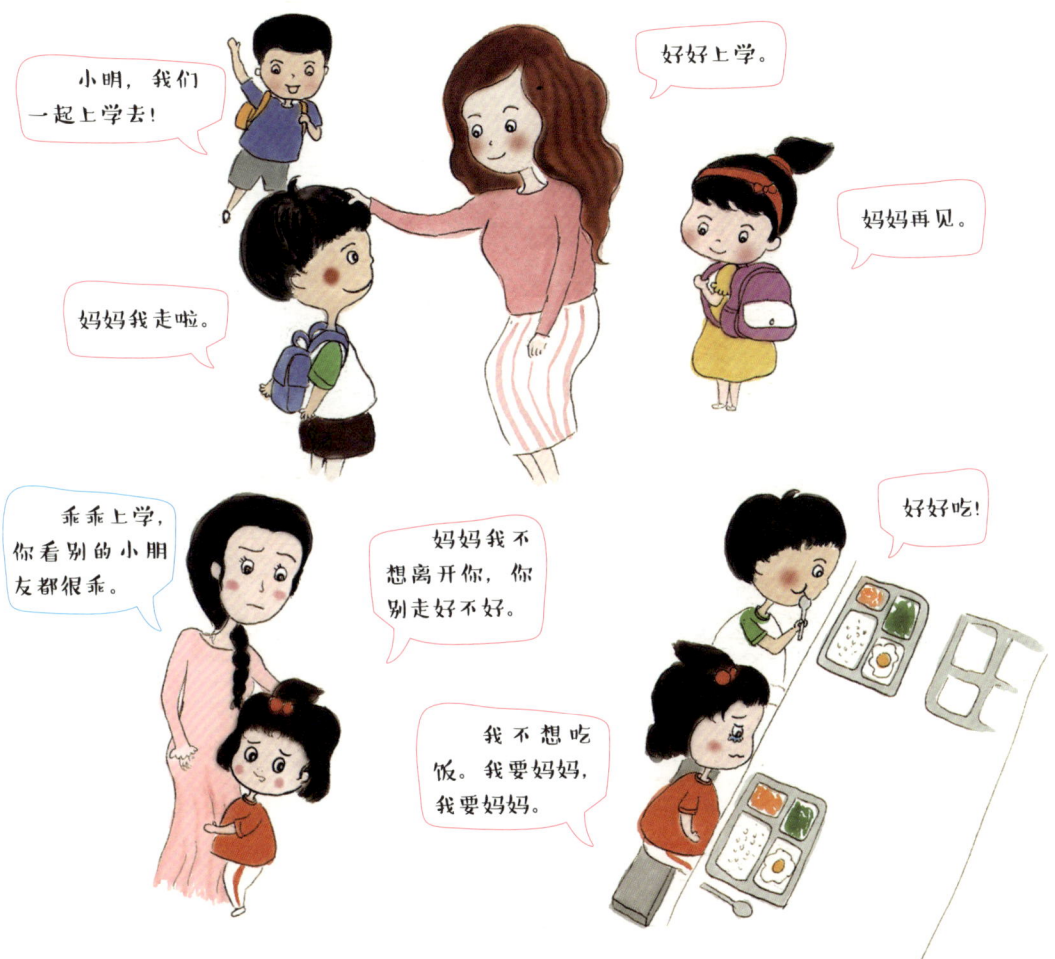

　　开学有一段时间了，每次妈妈送小红到学校，小红总是不让妈妈走，并恳求妈妈留下来。在学校期间，小红想起妈妈就会哭闹，并不断要求老师给妈妈打电话。听老师说起小红在学校的情况，妈妈也很心疼。

小红离开家长就哭闹是分离焦虑的表现。孩子在小时候会和父母形成三种常见的亲子依恋关系：安全型依恋关系、回避型依恋关系和焦虑型依恋关系。

安全型依恋关系
- 妈妈离开后，孩子能恢复平静继续玩耍
- 妈妈回来时，孩子会上前寻求安慰
- 感到安全时，孩子能大胆探索周围世界
- 感到不安时，孩子能从亲子关系中寻求安慰

回避型依恋关系
- 孩子对于妈妈离开或回来漠不关心
- 孩子对于拥抱、亲吻等身体接触，表现出退缩和回避
- 孩子认为自己无法获得安慰和照顾，会压抑自己的情感需求
- 孩子放弃对照顾者提出合理的要求

焦虑型依恋关系
- 孩子对于妈妈的离开非常警觉，分开后长时间哭闹
- 孩子重新和妈妈相聚时，觉得无法获得安慰
- 由于无法预测照顾者的行为，孩子常在索求安慰与拒绝安慰之间摇摆

和安全型依恋关系的孩子相比，具有回避型和焦虑型依恋关系的孩子更容易出现分离焦虑。他们在人际交往中会出现低自卑、缺乏主动性、情绪不稳定等问题。

家长（尤其是妈妈）要和孩子建立安全型的依恋关系，敏感地回应孩子的需求，接纳孩子的情绪表达，和孩子一起面对困难。安全型依恋关系会让孩子在大脑中形成安全体验的神经回路，有助于培养孩子情绪管理和自我调节的能力。

➡ 帮助孩子形成安全感的小方法

首先，家长要让孩子形成可以预期的作息和活动规律，给予孩子高质量的陪伴，努力为孩子提供心理安全感。其次，家长让孩子敢于表达自己的感受，敢于独立探索新环境。再次，平时，家长要让孩子对学校产生积极印象，不说"再哭就送你到学校""不听话就叫老师"等话。最后，当孩子表现出对新环境的适应时，要及时鼓励，并与孩子一起总结经验。

亲子活动

活动1 对视时间

● **目的** 通过肢体和感情的连接，建立安全型依恋关系。

● **要点** 睡前或者起床时，相互看着对方的双眼，然后分别说说看到了什么。

● **过程** 可以用直接的形式，说看到了"可爱的孩子"，看到了"自己"；也可以用比喻的形式，说看到了"月

亮"，看到了"大海"。对视时，双方要有肢体接触，比如握着孩子的手，抚摸孩子的头或脸庞，将手轻轻放在孩子的肚子上或肩膀上。

活动2 安抚玩偶

● **目的** 借助玩偶作为过渡性物品，帮助孩子应对现实中的分离情境。

● **要点** 选择孩子喜欢的手掌大小的柔软布偶或小物件。

● **过程** 告诉孩子，家长不在的时候，玩偶可以陪着他。当孩子不愿意和家长沟通时，家长可以借助玩偶和孩子交流。

活动 3　共情式沟通

- **目的**　接纳孩子的情绪，让孩子感受到家长的支持和鼓励。
- **要点**　沟通的焦点在情绪，而非事件。
- **过程**　用平静坚定的语气告诉孩子，孩子需要上学，家长需要离开。用温和接纳的语气，回应孩子种种的情绪反应。

> **提示**　当孩子出现不安和焦虑的情绪时，家长要保持平静，不要"淹没"在孩子的情绪中。

情境1：孩子不愿妈妈离开时，妈妈要倾听孩子的感受。

宝贝：我不要上学，我不要妈妈走。 → 妈妈：
- ❌ 听话，妈妈要去上班，大家都去上学，你怎么能不上学，要讲道理。
- ✅ 刚到新学校，你有些害怕和担心，妈妈能感觉到。一个人到新环境，有这样的感觉很正常。

情境2：分别时，妈妈拥抱孩子后要坚定地离开。

宝贝：妈妈，你别走好不好。 → 妈妈：
- ❌ 别哭，妈妈也舍不得你。
- ✅ 来，和妈妈再拥抱一次。妈妈放学来接你，到时候告诉我，用了什么办法坚持在学校好不好？

情境3：妈妈接孩子时，要对孩子积极的表现给予支持和鼓励。

宝贝：妈妈，我好想你。 → 妈妈：
- ❌ 宝贝，妈妈也好想你，妈妈一下班就来接你了。
- ✅ 宝贝今天在学校表现很好，告诉妈妈，你是怎么做到的？

成长茶吧

心理时间之旅

20世纪30年代,美国心理学家鲍尔比(Bowlby)开创了"依恋"相关的研究。他认为儿童会寻求与父母亲身体以及心理上的亲近,从父母那里获得安全感和慰藉。如果这种连接遭到破坏,儿童会感到痛苦。这种影响在儿童发展最初的三年间,表现尤其显著,并且将影响儿童未来的心理健康。

依恋是幼儿出生后最早形成的人际关系,母亲在依恋关系形成的过程中,具有关键性的影响。母亲如果对孩子的需求信号感觉敏锐,能够恰当地、及时地、一贯地对孩子的需求予以满足,孩子就会与母亲形成安全型依恋关系。一般来说,与母亲之间具有非安全型依恋关系的儿童往往与母亲身体接触较少,母亲对他们的抚养行为更像是例行公事,并且有时还会有消极的情绪反应。

我们小时候形成的依恋风格具有长期的影响力,会在以后形成成人依恋风格。研究发现,在普通人群中,大约有65%的人具有安全型成人依恋,20%的人具有回避型成人依恋,10%~15%的人具有焦虑型成人依恋。依恋模式具有很强的代际传递倾向,基本的亲子互动特征会在家庭关系和亲子关系中延续。

为了帮助父母反思自己的依恋模式,相关研究者推荐使用"成人依恋访谈量表",对自己的早期生活进行思考和探索。这种思考可以整合大脑的感受和经验,发展出更具适应性的、良好的成人依恋风格。

下面是改编自"成人依恋访谈量表"的一些题目,家长可以思考并自问自答。

- 小时候自己的成长环境怎么样？家里都有哪些亲属？
- 小时候父母的关系如何？有没有什么印象深刻的事件？
- 用五个词形容一下自己和父母的关系，并为每个词想出一个例子或故事来。
- 父亲和母亲哪一方和你更亲近？为什么？
- 自己特别难过的一次是什么时候？发生了什么事情？当时自己是什么感觉？有什么表现？父母有什么反应？
- 记得的最早一次和父母分离是什么时候？什么事情？
- 除了父母，童年还有没有比较亲近的人？
- 成长的历程中，有没有经历过丧失亲密的人？
- 总的来说，和父母在一起的经历，对自己的人生和人格有什么影响？
- 为什么在你童年的时候，父母会那样抚养你？
- 成年后，和父母的关系有没有变化？
- 如今你和父母的关系如何？
- 印象中自己孩子特别难过的一次是什么时候？发生了什么事情？当时自己是什么感觉？有什么表现？孩子有什么反应？
- 你期望孩子以后会成为什么样的人？
- 希望孩子从你身上学习到什么？

很多时候，过去对我们而言是一些记忆碎片，并且以我们不知晓的方式影响着我们的言行。当我们可以抽出时间认真整理这些碎片，给这些模糊的碎片赋予一些积极的意义，我们就可以重新建构自己的童年记忆，并且为现在的生活找到更为积极的力量来源。

孩子害怕老师怎么办？

- 方法 1　和孩子一起熟悉老师
- 方法 2　引导孩子关注老师的优点

　　小红看见新老师觉得害怕，上课躲着老师的目光，课间也不敢和老师打招呼。家长很担心，小红会因害怕老师而与老师缺乏沟通和交流，对学习和成长产生不良影响。

小红害怕老师是新生常见的适应问题。孩子刚进入陌生环境，往往会因为一些外在因素，比如老师表情严肃、语气严厉等产生畏惧心理。这种心理会影响孩子与老师之间的正常交流。

如何帮助孩子和老师建立良好的关系呢？

家长可以利用人际交往的熟悉性和亲密性，帮助孩子和老师建立良好的关系，让孩子敢于面对新老师。**熟悉性**是指我们喜欢自己熟悉的事物，熟悉会让大脑产生安全感，进而采取探索和学习的行动；**亲密性**是指喜欢我们的人，我们也会喜欢他们。

为帮助孩子和新老师建立良好的关系，首先，家长在家中可以多谈论班级和老师的事情，多向孩子传递老师的鼓励等让孩子感到老师喜欢他的信息，让孩子对新老师熟悉起来，从而喜欢上新老师。其次，家长多在孩子面前提及老师的优点，利用爱屋及乌的原理，让孩子产生亲密感的迁移；只有当孩子对老师熟悉、喜欢了，孩子才会在面对老师时有更多的勇气。

因此，当孩子害怕老师时，家长可以试着按照下面的正确方法去做，减少不当的行为。

●家长很少联系老师，总是老师主动联系家长 ●家长很少和孩子谈论班级老师等学校的事情 ●家长只向孩子传递老师的批评 ●家长在孩子面前反对和贬低老师	●家长主动联系老师，询问孩子的在校情况 ●家长在家中多谈论班级和老师的事情 ●家长多向孩子传递老师的鼓励 ●家长在孩子面前支持和赞同老师，和孩子谈论老师的优点

亲子活动

活动 1　认识老师

- **目的**　通过了解老师的各种信息，增加孩子对老师的熟悉感。
- **要点**　不在于是否知道老师的信息，而在于如何增加对老师的了解。
- **过程**　将有关老师的一些问题写在纸条上，折好后和孩子轮流抽取问对方。在交流信息的过程中，可以穿插一些相关的拓展性活动，比如请孩子模仿老师说话和上课的样子，画一张老师的简笔画，讲一个关于老师的故事等。

> 内容可以包括：
> - 老师名字是什么？
> - 老师的名字有什么含义？
> - 老师的家乡在哪里？
> - 老师是哪个学校毕业的？
> - 老师最喜欢什么小动物？

活动 2　找优点

- **目的**　引导孩子关注老师的优点。
- **要点**　即使是细微的、无意的优点，通过集中注意力，也可以放大。
- **过程**　家长请孩子说说学校中发生的事情，和孩子一起找找老师身上的优点。然后请孩子说说看，为什么喜欢老师这个优点。

如果孩子讲不出老师的优点，可以问孩子希望老师变成什么样子。然后让孩子说说看，当老师变成期望的样子后，孩子会怎么做。家长和孩子还可以一起进行表演。

成长茶吧

赞美的力量

孩子在成长的历程中，经常会有感觉到自卑和受挫折的时候。在这些发展的关节点，如果能够获得他人的认可和赞美，孩子就会感受到希望和力量。那个给予赞美的人将对孩子的一生，产生深远的影响。每个人都需要赞美和认可，如果赞美和认可来自他亲密的人和他看重的人，赞美的力量会越发强大。

家长对孩子来说是非常重要的亲人，孩子渴望从家长这里获得积极正面的反馈。具体的赞美会激活孩子大脑的奖赏系统，能够强化孩子的正向行为，让孩子感受到自己的行为具有价值和意义。渴望认同是每个人的基本需求，家长和老师都要努力满足孩子这个需求。

家长在赞美时要注意赞美的艺术在于真诚和细节、赞美的语言要来自孩子真实的言行，表达赞美时要发自内心。

我们可以从以下这些方面，赞美和认可孩子：

- 我看到你很努力。
- 你对事物充满好奇心。
- 我看到你一直很乐观。
- 我看到你坚持到底，没有放弃。
- 你做事的态度很认真。
- 在这件事情上你很用心。
- 你解决问题的方法很独特。
- 你的想法很有创意。
- 你敢于说出自己的心里话。
- 你是一个说话算数的孩子。
- 你和大家相处得很融洽。
- 大家很喜欢和你在一起。
- 你是一个勇于改正缺点的孩子。
- 面对困难，你很有勇气。
- 你能主动帮助别人。
- 你会主动关心别人。
- 你能控制好自己的情绪。
- 你是一个懂得感恩的孩子。
- 你是一个热心的孩子。
- 你很有幽默感。
- 你是一个勇于承担责任的孩子。
- 你是一个慷慨的孩子。

孩子经常迟到怎么办？

- 方法 1　让孩子形成准确的时间感
- 方法 2　让孩子学会准确估算时间

上课铃响了，同学们都端端正正地坐在课桌前听老师上课，这时小明才赶到学校。家长每天都督促小明要早睡早起、加快动作，但效果并不明显。

小明经常迟到，可能是缺乏时间感造成的。**时间感**是人体对事物变化的节奏和周期的感觉，是人体在生活中逐步建立的活动节律。准确的时间感有助于孩子养成健康规律的生活习惯。

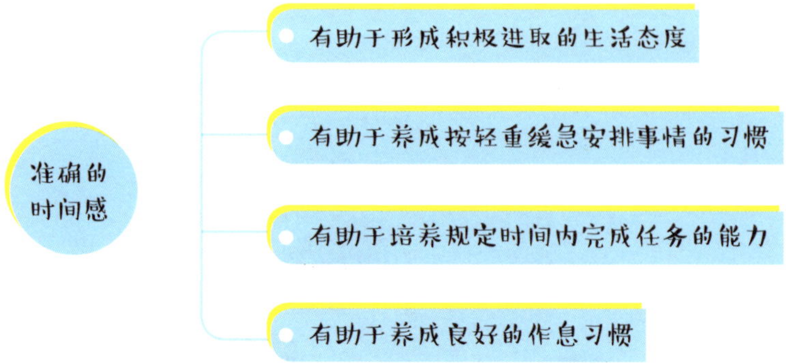

准确的时间感
- 有助于形成积极进取的生活态度
- 有助于养成按轻重缓急安排事情的习惯
- 有助于培养规定时间内完成任务的能力
- 有助于养成良好的作息习惯

如果孩子没有较为准确的时间感，持续性地迟到，孩子会变得拖拉、懒惰，在生活中比较随意，甚至对生活没有激情与动力。因此，家长要从小帮助孩子学会感受事物的变化，形成准确的时间感。

一些小方法比如让孩子早睡早起、给孩子佩戴一块手表、让孩子养成做任何事情都提前15分钟的习惯、多帮孩子设置闹钟等，都有助于孩子形成准确的时间感。平时，家长还可以刻意地让孩子在各种实践活动中体验到时间的长短和流逝，让孩子对常规条件下做各种事情所需要的时间有一个较为准确的估计。此外，家长要在时间管理方面言传身教，成为孩子学习的榜样。

亲子活动

活动 1 身体时钟

- **目的** 对时间的长短有一个较为准确的估计。
- **要点** 估计过时间后,用钟表对自己的时间感进行校准。
- **过程** 和孩子约定一个时间段,比如 1 分钟,家长用秒表计时,孩子开始估算。孩子觉得时间到 1 分钟时就喊停,家长出示秒表,对估算的时间进行校准。然后孩子计时,家长估算。每个人还可以说说看,这些时间可以做哪些事情,并记录下来。

提示 可适当变化估算的时间。

爸爸的 1 分钟   我的 1 分钟   妈妈的 1 分钟

活动 2 时间侦探

- **目的** 估算生活中常做的事情需要用多少时间。
- **要点** 在活动中感受时间的流动性。
- **过程** 家长和孩子一起列一张清单,让孩子列出自己从早上起床到学校上课需要花费时间的项目,比如起床穿衣、整理房间、洗漱、吃早饭、检查书包、上学路上等。然后家长和孩子用计时器记录每项活动的时间。

项目	周一	周二	周三	周四	周五	周六	周日	平均
起床穿衣								
整理房间								
洗漱								
吃早饭								
检查书包								

 **成长茶吧**

时间管理的艺术

孩子进入小学后,最大的感受可能就是时间不够用。家长经常为催促孩子在限定时间内完成各种任务而着急"上火"。每个家庭都需要学习时间管理的艺术。

时间对我们大部分人来说有两个含义,一是每个人都有一个固定的生物钟,二是大家已经达成共识的标准时间。有时,这两套时间系统彼此切合,运行自然流畅,人会感觉愉悦,比如身体感觉疲倦时,正好是中午或晚上九点左右,可以休息的时候。也有时,这两套时间系统彼此会发生冲突,比如我们的生物钟发出休息信号,而我们还有事情没有完成,时钟正是工作或学习的时段。

为了尽量让这两套时间系统运行顺利,大脑的前额叶皮层通过规划和协调,进行时间管理。然而人类的前额叶皮层在二三十岁后才能发育成熟,儿童抑制干扰和坚持目标的心理功能都没有得到充分发展,时间管理对他们来说是一件需要努力学习和锻炼的任务。

第一,孩子需要逐步建立时间感。在谢立文的麦兜故事中,老师请同学们用自己的方式计时。于是同学们做出了千奇百怪的计时工具。比如有同学展示了沙漏,沙漏中的细沙漏完刚好是 1 分钟。有同学把玻璃球放进一个弯弯曲曲的管子里,当玻璃弹珠滚到管子底部时,刚好是 3 分钟。有同学表演泡面,面泡好正好是 5 分钟。家长也可以和孩子玩这样的游戏。

第二,孩子最好能够在一个时间段内完成单一任务。大脑的认知资源有限,当大脑已经在加工一项任务时,这项任务会占用大部分资源。如果同时进行多项任务,大脑将在不同任务之间不断跳跃,这会导致无法深入加工每项任务。而且这会让孩子无法长时间集中注意力投入在一项任务中,最终可能会形成缺乏专注力的不良习惯。

第三,要学习一些克服拖延的技巧。孩子经常会出现无法按照预定时间完成任务的情况,一些孩子只是因为疲惫,休息后就能恢复,这种情况家长无需担心。还有些孩子会刻意拖延那些困难的、不愉快的任务,只做那些简单的、不用花费心思的任务。出现这种情况，有时候与任务回报和结果评价有关。家长要多强调完成任务对孩子成长的意义，淡化用任务结果评价孩子价值的做法。

第四，时间管理的技巧因人而异。有些孩子是难以开始任务，家长需要降低任务难度，先从简单、容易的部分入手，帮助孩子快速启动任务。有些孩子是任务过程缺少计划，家长可以用一些图标或曲线，让孩子看到自己的进展和变化，帮助孩子规划好进程。还有孩子具有完美主义倾向，开始和经历很长时间后，依然无法结束任务。家长要多鼓励这些孩子，将失败看做改进的基础。

时间有时候是一个非常主观的概念。在麦兜的故事中，麦兜制作了一个巨大的布谷鸟时钟。麦兜介绍说："这个布谷鸟钟走完一圈，布谷鸟就会跳出来，发出咕咕咕的叫声。这个钟很精确却走得很慢，需要三十六万年才能走完。"麦兜的小伙伴们认定这是一个不会动的钟，但因为这个大钟很漂亮，就一直放在学校花园的一角。每当大家来到这个钟下，好像它真的把时间变慢了，这让大家觉得快乐的时光变长了。我们帮助孩子管理时间，最终的目的也是希望孩子能够更多地感受到快乐的时光。

孩子压力大总生病怎么办？

- 方法 1　让孩子学会觉察身体的感受
- 方法 2　帮助孩子学习放松的技巧

　　开学才几周，明明已经请假好几次了。他有时感觉肚子痛，有时感觉头痛。妈妈带他去医院检查，却并未发现身体上的问题。老师和父母都很担心明明的健康，也担心这种状态会影响到学习。

明明刚入学，还没有适应学校的生活，没能及时完成作业导致了心理上的紧张和焦虑感，这种让他感到压力的感受没有及时得到疏解，容易产生躯体化反应。人的身体和心理是相互作用的，持续的心理压力和强烈的负面情绪会导致心血管、呼吸、内分泌和肌肉的生理性变化。当这种变化达到一定程度，身体无法保持平衡时，就会出现身体上的不适反应，并可能会产生消极的情绪反应，比如焦虑、害怕、退缩等。当这种消极的情绪反应持续发展时，孩子可能会出现学习障碍、人际交往困难等。

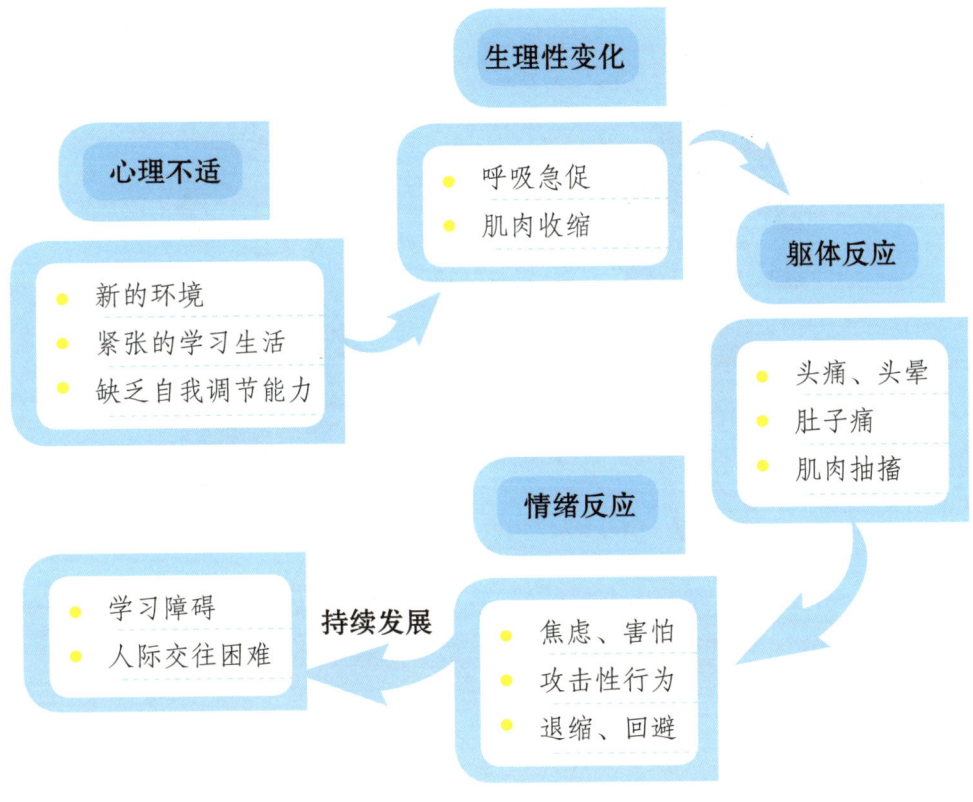

生活中处处有压力，遇到压力时，我们要学会采用合适的方式进行调节。家长要帮助孩子逐渐适应学校的环境和生活节奏，让孩子学会觉察自己身体的感受；同时帮助孩子学会用恰当的方式表达感受，开展一些能让孩子放松的活动，帮助孩子掌握一些身体和心理放松的技巧。

亲子活动

活动1 身体压力地图

- **目的** 了解有压力时的身体感受。
- **要点** 将注意力聚焦在身体的每个部位，用心体会身体的感觉。
- **过程** 家长准备一幅儿童的身体图片，和孩子一起讨论，当我们觉得担心、害怕、紧张和伤心时，身体哪些部位会有感觉，并描述是什么样的感觉。

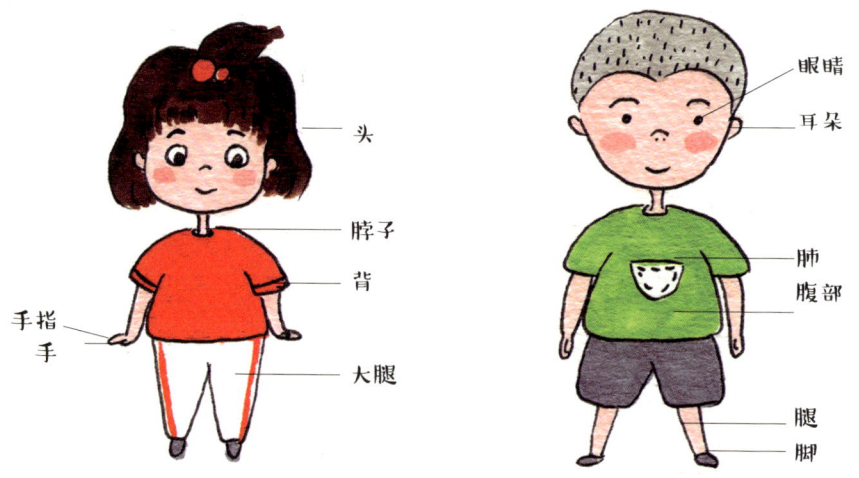

提示 可以将身体图片中有感觉的部位圈起来。然后用不同颜色，表示不同的感觉。或者将不同心情的图片，直接贴在身体的不同部位。

活动2 打哈欠

- **目的** 学习身体放松的技巧。
- **要点** 用心体会打哈欠时身体的感受。
- **过程**

提示 早晨出门前，可以对着镜子连做3次。

- 第1步，双脚站立，缓慢弓背吸气，双手双脚向心脏收缩。
- 第2步，缓慢将背挺直，双手双脚缓慢伸直，头向后仰，并张嘴呼气打哈欠。
- 第3步，当双手张到最大时，保持3秒，然后放松并缓慢地放下。

 **成长茶吧**

心理困扰的躯体化

在人生的每个阶段,我们都会遇到苦恼的事情。一些时候我们可以努力克服,顺利地度过难关。但也有些时候,这些困扰影响比较大,会让我们长时间处在情绪和行为的波动状态。童年时期孩子身心发育不成熟,经常会感觉遇到比较大的挫折,家长需要给予他们更多的心理上的支持和引导。一些孩子心理不适时,会用语言表达。还有一些孩子不擅长表达,会因为心理困扰而出现生理上的不适,这种情况称为心理困扰的躯体化。

国际上常用的心理测量量表——"症状自评量表",就有很多项目涉及到躯体化症状,内容包括:头痛、胸痛、腰痛、腹痛、肌肉酸痛等,常见症状还有呼吸困难、疲乏无力、手脚发重、头晕或昏倒、呼吸急促、心悸、腹胀,有时候还表现为发冷或发热、恶心、消化不良、腹泻、胃部不舒服、咳嗽、身体发麻或刺痛、行走困难、小便困难、晕厥或意识丧失等。有心理困扰的躯体化症状的孩子,家长带他们去医院检查,常常发现他们身体正常,没有器质性疾病,这种情况可以是短暂的,也可为持久的。

比如报纸上曾经报道一个化名洋洋的孩子,新学期开学一段时间后,她感觉全身不舒服,伴随头痛、恶心、呕吐甚至腹泻等症状。家长以为她生病了,送到医院检查,也没有任何身体上的问题。经过疏导,大家才知道,洋洋上学期期末考试考得不好,担心开学后被老师批评、同学嘲笑,所以害怕去学校,慢慢引发了情绪障碍,产生了浑身不舒服的躯体化症状。

心理困扰的躯体化是儿童表达内心需求和情绪反应的常见形式。儿童言语、思维和逻辑功能发育尚不成熟,当需求和情绪不能正常地从言语或行为方面发泄时,就会用"器官语言"的形式表现出来,形成躯体化症状。这时候,家长常常会将注意力聚焦在躯体症状上,并将其作为躯体病治疗,忽视孩子的心理症状。如果躯体化的问题行为经过反复强化,就会形成慢性躯体化,日后遇到类似的心理压力和刺激事件时,孩子就会习惯性采用这种模式应对。

心理困扰的躯体化也是儿童自我保护和应对现实困难的一种形式，能够给儿童带来各种社会和心理的好处。比如一些孩子常用躯体化症状表达自己内心不愉快的心情，从而能够减轻不良情绪表达带来的自责感和内疚感；一些孩子还会借此操纵人际关系，在家庭或学校中免除自己本应承担的某种责任和义务；也有孩子借助这种方式，寻求别人的关注和支持等。家长要经常鼓励孩子，增强孩子的信心；经常与孩子交流，了解孩子的想法，教会孩子用言语表达内心的感受。

孩子不喜欢学校餐怎么办？

- 方法 **1** 帮助孩子形成健康的饮食行为习惯
- 方法 **2** 对孩子进行科学饮食教育

上小学后，小莉的中餐都在学校吃。每次妈妈放学来接小莉，小莉都会和妈妈抱怨学校的中餐不好吃，想让妈妈买她喜欢吃的零食。妈妈担心小莉偏食挑食，影响她正常的生长发育，却又不知道该如何引导。

偏食挑食是不健康的饮食习惯，偏食挑食严重的孩子还可能出现厌食的症状。每人每天都必须摄入足量的能量以维持人体必需的生命活动，而这些能量都是通过食物获得的。导致偏食挑食的原因有很多，比如神经刺激、运动量不足、睡眠不足、气候变化、饮食不当等。

家长要帮助孩子建立良好的生活方式，保持适当的饥饿感，保证饮食多样化，严格限制孩子摄取过甜过咸的食物、油腻食物和碳酸饮料，保证每日五蔬果，养成按需吃饭的习惯。同时，家长可以通过各种形式的营养教育，提高孩子对科学饮食的认识，让孩子树立维护自身健康的意识，形成健康的饮食行为习惯。

每日五蔬果

- **每日五蔬果 =3 份蔬菜 +2 份水果**
- **一份是多大呢？**
- 蔬菜是煮熟后约半碗的量
- 水果则是一个拳头大的量

不同颜色的蔬果具有不同的功能

颜色			
红色	用途	具有抗氧化、消炎、补血、改善焦虑情绪等作用	
	来源	水果	樱桃、草莓、西瓜
		蔬菜	番茄、牛番茄、红甜椒、蔓越莓
绿色	用途	具有通肠道、排毒等功能，同时还有助于视力、骨骼和牙齿健康	
	来源	水果	芭叶、奇异果
		蔬菜	花椰菜、四季豆、小黄瓜、菠菜
蓝色 紫色 黑色	用途	具有抗氧化、抗衰老、美容、增强记忆力等功能，同时还能促进呼吸系统、泌尿系统健康	
	来源	水果	蓝莓、葡萄
		蔬菜	茄子、桑葚、黑豆、黑芝麻

颜色			
黄橘色	用途	具有抗氧化、抗衰老、提高免疫力等作用，同时还有强化肝脏和消化系统等功能	
	来源	水果	柑橘、芒果
		蔬菜	南瓜、地瓜、玉米
白色	用途	具有降胆固醇、提高免疫力等作用，同时还有助心脏健康	
	来源	水果	梨、香蕉
		蔬菜	山药、洋葱、葱蒜、马铃薯、菌菇类

➜ 健康饮食金字塔

- **吃最少**

油、糖、盐类

- **吃适量**

肉、鱼、蛋、豆类及低脂奶类
制作、维持及修补健康的身体组织

- **吃多些**

各类蔬菜、瓜类及水果
含丰富维他命、矿物质、膳食纤维

- **吃最多**

五谷类：各类面包、米粉、
面条、麦片等是主要热量来源

健康饮食金字塔

亲子活动

活动1　我要长大

- **目的**　帮助孩子理解食物、营养和成长的关系。
- **要点**　引导孩子关注在学校和家中就餐时,摄入的营养成分。
- **过程**

- **聊一聊**　和孩子一起翻看成长照片,讲讲孩子从小到大的故事。
- **画一画**　邀请孩子画出自己长大的样子。
- **查一查**　查阅资料,写出长大需要哪些营养。
- **找一找**　看看学校的午餐,提供了哪些营养。

> **提示**　孩子大脑发育的过程中需要较多的不饱和脂肪,其主要成分OMEGA-3脂肪酸,可以从鲭鱼、鲱鱼、金枪鱼、鲑鱼、马齿苋菜、菠菜和海藻等食物中获得,孩子多吃此类食物可促进大脑和身体发育。

活动2　零食大揭秘

- **目的**　认识到零食营养成分的不均衡。
- **要点**　强调零食重口味、轻营养的特点。
- **过程**　家长和孩子找一个零食的包装袋,记录下营养成分。对照成长需要的营养成分和零食的营养成分,看看哪些有,哪些没有。

 **成长茶吧**

孩子挑食有办法

在一般情况下，儿童会采用多样化的进食策略，以满足身体对各种营养的需求。虽然在短期看，很多孩子有挑食的行为，但从长期看，很多孩子都会选择适合的食物。这种进食策略会因为各地文化传统和照顾者喂养方式的不同，发生各种变化。

当孩子出现挑食时，无需通过强制的方式逼迫进食，最好能够利用孩子的喜好进行引导。尤其需要注意的是，家长不要因为偏食和孩子发生争吵，这会让孩子感觉吃饭是件不愉快的事情，会产生抗拒感，从而影响日后的吃饭感受。

有时候，孩子挑食是觉得吃饭的时候气氛沉闷，家长会把进餐时间当作教育时间，对孩子的种种问题进行分析和讲解。家人一起吃饭是一个非常好的互动交流的时机，如果能够讨论一些让彼此开心的话题，孩子就会乐意与父母一起吃饭，从而进食的种类和数量也不会太少。

有时候可以将需要孩子吃的食物和孩子自己喜欢的食物搭配在一起，当孩子尝试了需要吃的新食物后，可以将他喜欢吃的食物作为奖励。家长的注意力不要只是关注孩子吃了很多喜欢的食物，而是要关注孩子吃了一些原本不喜欢的食物。当孩子表现出一些进步时，家长就要给予极大的强化和鼓励。

对于如何养成良好的进食习惯，专家提出了一些意见，可以供家长参考：

- 避免一边进餐，一边使用电子产品，尽量保证孩子有固定的吃饭时间。
- 进餐时要正式，让孩子坐在饭桌上，可以简单交谈，但要停止各种游戏。
- 吃饭时的氛围非常重要，家长要尽量保持吃饭是件轻松和愉悦的事情。

- 对于孩子不喜欢的食物,开始时可让孩子少量食用,并鼓励孩子去尝试各种食物。
- 家长带头品尝新鲜食物,用心感受食物的味道,要表现出吃得津津有味。
- 经常变换食物花样,防止孩子对某种特定食物产生厌烦心理。
- 孩子不喜欢的食物,可以制作成饺子、包子等带馅食品。
- 可以借助同伴的力量,在孩子与朋友一起吃饭时,添加各种食物。
- 可以将食物进行精加工,在色彩、造型、盘碗和背景音乐上花些心思。
- 如果孩子不喜欢吃熟食,可以让他们适当吃一些生食。
- 可以从孩子喜欢的餐厅购买希望孩子吃的食物。

孩子不会求助怎么办？

- 方法 1　帮助孩子认识生活中的危险情况
- 方法 2　让孩子学习求助的技能

强强在学校经常会遇到一些自己无法解决的问题，如果他及时向老师或者同学寻求帮助，就能够很快地摆脱困境，可他常常不知道怎样寻求帮助。父母很担心孩子因为不善求助，无法保护好自己。

家长注重培养孩子的独立自主性，却容易忽视孩子的求助能力。孩子小时候常常用哭的方式来向成人求助；在学校，孩子会遇到比家庭生活中更为多样和复杂的困难。一些困难可以通过自己的能力解决，但是还有很多困难需向他人求助，并在同伴和成人的帮助下才能解决，比如发生意外事故、受到身体和心理的侵害、遭受威胁和胁迫等情况。

| 1 遭到辱骂、殴打、性侵等侵害 | 2 着火、落水、受伤等意外情况 | 3 受到威胁和胁迫 |

需要求助的情境

具有求助能力的孩子，能够保护自己的合法权益，借助他人和集体的力量解决问题，在独立与合作之间找到平衡，形成良好的自我保护能力和社会适应能力。

家长平日多向孩子讲解各种危险情况，并告诉孩子，遇到自己不能解决的问题，尤其涉及身体伤害的紧急事件时，要主动向他人求助。在恰当的事情上，善于求助他人，是一种值得骄傲的能力。

亲子活动

活动 1 校园求助图

● **目的** 孩子在需要的时候,能够找到可以帮助自己的人。

● **要点** 熟悉校园的重要部门和人员。

● **过程** 家长和孩子一起画出校园手绘地图,整理和标记出求助事件的对象和地点。

> **提示** 平时谈论班级中的事情时,家长可以多问孩子,遇到类似情况可以去哪里找谁帮忙。

事 情	找谁求助	哪里可以找到他
需要帮忙	老师、同学、校医	教师办公室、医务室
受到威胁	班主任、家长、校长	班主任办公室
受到伤害	班主任、家长、校长	校长办公室、家中

活动 2 求助卡

● **目的** 帮助孩子学习求助的技术和方法。

● **要点** 反复演练,成为自然的话语。

● **过程** 家长和孩子一起制作求助卡牌。卡牌正面是危险情境,反面是求助的技术和方法。大家轮流抽取,孩子说说看,该如何求助。然后一起翻看。可以包括以下主题:

> **提示** 让孩子学会清晰地表达需要对方帮助做的事情。

躲避类	● 当意识到危险靠近时,要及时躲避危险,逃离到安全的地方。如果有电话,可以拨打120或家长的电话进行求助。如果不方便出声,可以发送微信或短信消息进行求助。
呼救类	● 当陷于危险之中,无法脱身时,要大声呼喊"来人啊""帮帮我""救救我"等话语,向他人求助。
语言求助类	● 当需要向人求助时,应该说"阿姨(叔叔)您好,能不能帮我……""谢谢您"等。

 **成长茶吧**

从小学习防范风险

世界卫生组织在《世界预防儿童伤害报告》中估计,每年约有83万18岁以下的儿童,死于非故意伤害。我国教育部在2006年以报告形式分析了全国中小学生的安全形势,报告显示,在中小学生的各类安全事故中,溺水约占31%,交通事故约占20%,斗殴约占11%,校园伤害约占14%。

孩子发生安全事故有几个重要的特点。首先,由于生活经验和安全知识缺乏,低年级学生自我保护能力薄弱,较容易发生安全事故。其次,节假日事故易多发。再次,事故发生的地方多集中在学校、上下学路上和江河水库处,事故包括交通事故、溺水、自杀、强奸、中毒和火灾等。

很多家庭和学校都开始重视孩子的安全教育。在美国和加拿大,每位老师需通过急救培训,没有这个证书老师就不能在学校工作,家长也不会把孩子交给一个没有急救常识和技能的人。在北美,从幼儿园到高中都有适合学生身心发展规律的安全教育活动。老师教给幼儿园孩子,遇到危险要拨打电话求助;身上着火后要马上扑倒在地,捂着脸不停地打滚,千万不能奔跑。老师们还会用游戏的方式教授这些救助技能,比如一群人在院子里自由行走,一个人忽然大声喊:"你身上着火了",孩子们需要立刻倒在地上打滚。

在中国,学校每学期都有例行的消防、地震和防空演习。学校建立了危机预警方案,并有一套周密的紧急疏散计划。每位老师需要清楚地知道,自己任课班级所处的位置,按什么线路、从哪个安全出口撤离。演习前,老师或警察会给学生详细讲解疏散要点。听到警报,学生会按预定方案迅速撤离,老师保证学生全部疏散后,跟随最后一名学生离开教室。

在各类安全事故中,安全意识淡薄是多数事故发生的重要原因。不但学生缺乏安全意识,作为孩子监护人的家长也缺乏安全意识。在现代社会中,家长要不断加强对儿童的监护,帮助孩子识别危险因素,教育孩子自救、自助技能,熟记"119"等求救号码,经常参与安全教育培训,最大限度地减少和避免对孩子可能造成的伤害。

孩子情绪容易失控怎么办？

- 方法 1 　接纳孩子的各种情绪
- 方法 2 　帮助孩子学会情绪管理

明明在生活中遇到不如意的事情时，比如找不到文具、同学不借东西等，就会大声喊叫、情绪失控、心情难以平复，这让同学不敢和他相处，老师和他说话也都小心翼翼的。父母担心孩子这样会养成不好的性格。

明明用发脾气的方式面对无法控制的情境，这是情绪管理的问题。大脑加工情绪的功能主要集中在杏仁核、眶额皮层和脑岛等区域，负责情绪管理的主要是前额叶皮层。前额叶皮层的发育要到青春期以后才成熟完善，所以很多孩子在小学期间还不完全具备掌控情绪的能力。

家长要对孩子的情绪形成正确的认识，以下是对情绪的正确认识与认识偏差：

- 消极情绪是坏性格的表现
- 情绪失控是父母的失败
- 孩子发脾气是在挑战父母
- 孩子要时刻欢笑开心
- 家长要千方百计让孩子开心

- 消极情绪是每个人都有的反应
- 每个人都有情绪失控的时候
- 孩子发脾气和大脑发育有关
- 消极情绪和积极情绪对人同样重要
- 每个人都要体验消极情绪和积极情绪

孩子情绪失控时，无法通过命令或强制方式，来要求孩子控制情绪。最好是在孩子情绪平静时，和孩子一起学习关于情绪的知识，让孩子学会管理情绪。当孩子发脾气时，家长要接纳孩子的情绪，用冷静而温柔的态度，对孩子做出回应。同时，家长要帮助孩子感受自己的情绪，学会表达以及释放自己的情绪。此外，家长尽量不对孩子发脾气，给孩子树立情绪管理的榜样。

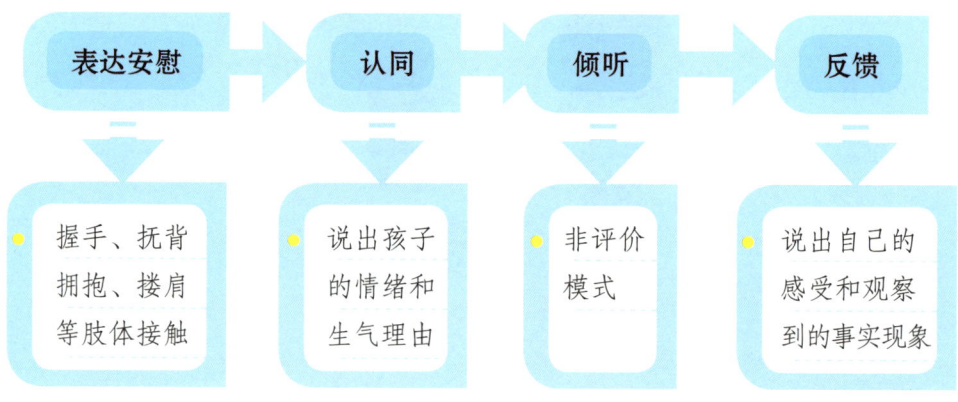

亲子活动

活动 1 心情晴雨表

- **目的** 感受自己的情绪。
- **要点** 用孩子认为合适的情绪来表示。
- **过程** 家长和孩子一起制作心情晴雨表,每天用张贴各种表情的方式,表达自己的情绪和感受。

> **提示** 家长可以通过"晴雨表"了解孩子的感受,并逐渐了解孩子的情绪波动规律。

日期	高兴	愤怒	伤心	喜欢	感动	平静	备注
星期一	√						
星期二						√	
星期三					√		
星期四	√						
星期五			√				
星期六				√			
星期日				√			

活动 2 吹蜡烛

- **目的** 学习用深呼吸的方法释放情绪。
- **要点** 用鼻子吸气,用嘴巴慢慢地呼气。
- **过程** 请孩子站好或坐好,想象面前有一个插满蜡烛的蛋糕。用鼻子深吸一口气,然后慢慢一根一根地吹灭蜡烛。

> **提示** 可以先从一根蜡烛开始吹,直到和孩子年龄一样多的蜡烛数量。

活动3 情绪词汇表

- **目的** 用恰当的词语表达情绪。
- **要点** 刻意在日常对话中使用表达情绪的词汇和语句。
- **过程**

积累表达情绪感受的词语

积极情绪的词汇	消极情绪的词汇
快乐、满足、自在、安全、有信心、有活力、愉快、舒服、轻松、受鼓舞、喜欢、得意、精力充沛、渴望、骄傲、自豪、有把握、坚决、热情、乐观、感动	不安、不耐烦、憎恨、生气、愤怒、抗拒、害怕、委屈、害羞、痛苦、疲惫、焦急、担心、厌倦、紧张、烦闷、忧郁、苦恼、恐慌、孤独、逃避、失望、伤心

当孩子得不到想要的东西时，对孩子说"妈妈觉得你有些失望"；
当孩子被冤枉时，对孩子说"你心里一定很委屈"；
当孩子失去心爱的东西时，可以对孩子说"妈妈觉得你很伤心"，等等。

告诉孩子一些关于情绪感受的身体反应

生气时，好像有一股气冲向头顶；
难过时，会觉得无精打采，不想说话；
高兴时，会手舞足蹈，见什么都美好；
害羞时，脸会变红，人会想往回缩，等等。

用描述感受代替责骂

生活中，孩子的一些行为会违背我们的期望。有时候我们可以用描述孩子的感受，代替对孩子的责骂。

孩子说，不想写作业，我们可以说："看来写作业让你觉得有些心烦，是吗？"
孩子说，不想上学，我们可以说："听上去，上学让你觉得有些压力，是吗？"
孩子说，不想上钢琴课，我们可以说："看来你在学习钢琴这件事情上遇到了一些困难"等。

> **提示** 这种表达在各种人际关系都适用。

 **成长茶吧**

先安抚心情，再处理事情

儿童是情绪发展的关键时期。我们的家庭教育在孩子认知上投入了较多精力，而对于孩子的情绪教育却关注较少。很多家长为了追求考试分数和竞赛名次，在孩子表现欠佳时大吼大叫，对孩子的心理产生了消极影响。

人类产生情绪反应的部分在大脑的边缘系统。当外界有威胁性刺激时，信息就会从身体感官传入边缘系统的丘脑部分，然后分别传给大脑皮层的思考中心和边缘系统的杏仁核。当杏仁核根据以往的生活经验和记忆，将当前信息评估为危险时，就会在大脑皮层做出反应之前，拉响警报。紧接着边缘系统的下丘脑就会分泌激素，我们会感到害怕或恐惧，心跳加快，血压升高，呼吸短促，身体做好战斗或者逃跑的准备。

从进化的角度看，这种快速地让我们知晓危险存在的信息传递方式，可以应对环境中的威胁，能有效地保护我们不受伤害。然而，由于杏仁核的信息评估和传递速度比较快，结果并不精确。比如，可能只是风吹草动，我们会认为是虎狼出没。在现代社会，威胁生命的很多因素都已经消失，人们更多的生活在人际互动与合作的情境中，如果依然采用快速评估威胁的方式，而忽视大脑皮层的信息加工，就会给人体带来慢性压力。

在现代家庭中，学习对孩子来说，是一个慢性压力事件；教养对父母来说，也是一个慢性压力事件。双方都需要学习情绪管理的原理和技术，建立良好的亲子关系，一起应对现代生活中的各种压力事件。

首先，父母要提升自身情绪的觉察能力。情绪在我们自身中产生，但很多时候，作为情绪主体的我们并不清楚自己的情绪状态。父母下班回家，可能会将工作时的情绪状态带回家庭。当家人看到我们脸色阴郁、情绪低落时，我们自身可能并无察觉。在日常生活中，父母教育孩子时也会将事件和情绪掺杂在一起，在谈事的同时夹杂着生气、失望、威胁、抱怨、无奈等消极情绪。若要提高情绪管理能力，父母必须改变这种情绪的无意识状态，提高对自身情绪的觉察能力。

其次，父母应当意识到，家庭中长期的消极氛围，会给孩子的身心发展带来负面影响。这种影响具有隐蔽性、渐进性和滞后性，往往不能立刻引起父母重视。有研究调查了问题孩子的家庭氛围，发现这些孩子受到的支持性关爱较少，与父母缺乏亲密性的互动。如果家庭经常处在消极情绪氛围中，孩子会感受到这种压力，产生慢性的焦虑。情绪对人体免疫系统、内分泌系统以及神经系统功能的影响已经得到了现代医学证明。情绪消极的孩子身体抵御疾病的能力往往较低，长期积压的消极情绪若得不到及时、恰当的宣泄和疏导，孩子的身心健康也会受到影响。

从精神分析的角度看，父母的消极情绪会让孩子内心缺乏安全感，怀疑父母是否爱他，怀疑自己是否值得被爱，从而产生焦虑和不安。为了对抗这种消极感受，孩子会采取各种消极的防御措施，比如：为了克服疏远感，刻意迎合他人；为了克服无助感，刻意放弃努力；为了克服敌对感，刻意攻击他人；为了克服孤独感，刻意逃避他人等。孩子也会因此出现偏执、叛逆、冷漠、退缩等行为问题。

生活在积极情绪氛围的家庭中，孩子则会具有安全感、满足感和归属感，积极情绪能影响认知联结的广度，让个体对自己保持信心，创造性思维保持活跃。因此，父母要努力为孩子营造轻松愉悦的家庭氛围。

再次，父母要学习情绪管理技术，并在与孩子的互动中，为孩子提供观察学习和模仿的榜样。如果孩子遇到了难以处理的困扰，父母要首先关注孩子的情绪感受，接纳和支持他们的内在想法，有意识地引导孩子使用恰当的方式调节情绪。比如学习放松、冥想和深呼吸的方法；感到紧张和焦虑时听听音乐、做做运动；换个视角看问题，从故事、电影和他人的经历中，获得成长的力量等。

孩子不敢尝试新事物怎么办？

- 方法 1　帮助孩子克服对未知的恐惧
- 方法 2　鼓励孩子探索未知

欢欢面对自己不熟悉的事物，常常表现出害怕和逃避，当其他孩子好奇地尝试新活动、玩弄新物品时，欢欢总是躲在后面不敢尝试。父母和老师担心欢欢这样会影响她对新知识的学习和探索。

大脑的发展是神经元彼此连接的结果，建立连接需要反复刺激，这并不容易。人们更加喜欢熟悉的东西，熟悉会节省大脑的能量，熟悉会给人带来安全感。在世界快速变化的今天，科技高速发展，创新引领社会生活，新生事物层出不穷。这要求我们克服固定型思维，保持成长型思维，勇于探索未知，有勇气接纳新生事物。

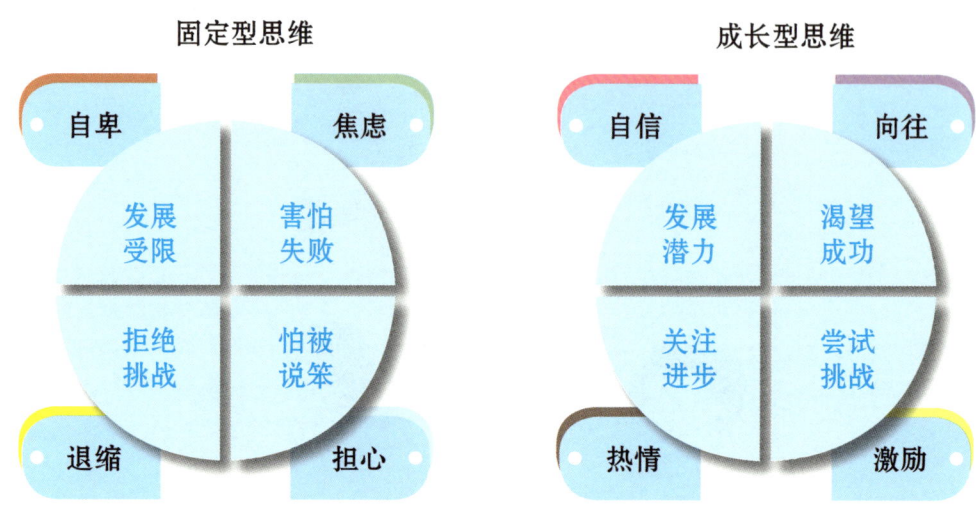

低年级孩子面对新事物时，常根据家长态度和反应，做出行动，形成观念。家长要避免对孩子过度保护，允许孩子在安全的条件下尝试错误，冒一些风险，这样孩子才有勇气展示自我。

人们处于未知的情境时，会产生害怕的情绪，这是正常的反应，这时家长应无条件给予孩子支持和爱。同时，父母不对孩子的表现贴标签，"胆小""勇敢"等都会给人心理暗示。家长要和孩子一起面对未知，接纳孩子害怕未知事物的感受，并采取积极的行动，让孩子敢于探索未知。

需要注意的是，家长应努力让孩子形成成长型思维，避免形成固定型思维，家长具体可以这样做：

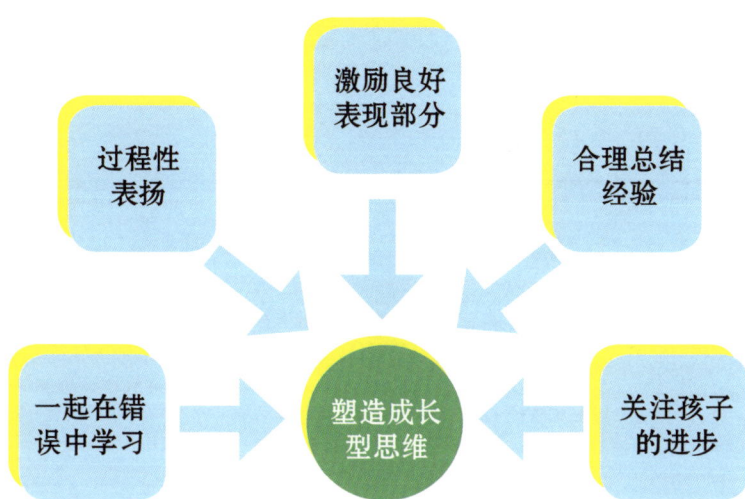

# 亲子活动

活动1 勇气清单

● **目的** 建立尝试新事物的勇气。

● **要点** 放大孩子充满勇气的关键时刻,让孩子想象自己拥有勇气完成任务的经历。

● **过程** 引导孩子说出自己曾经充满勇气面对事物的经历,并记录下来。也可以让孩子自己列出一直都没有勇气完成的任务,并让孩子在家长的帮助下完成勇气心愿。

日期	事件	勇气级别
9.12	老师讲错了一道题,我在全班同学的面前举手指出了老师的错误	★★★★
9.25	和妈妈一起在路上走,碰到了不熟悉的阿姨仍然主动地打招呼	★★★

勇气心愿	事件
✓	这个学期尝试竞选班干部
✓	这个星期尝试做一道菜

提示 从一些简单容易的事情开始,逐渐积累成功经验。

活动2　猜物品
- 目的　帮助孩子克服对未知的畏惧。
- 要点　让孩子接触物品，感受物品，并对物品进行猜测。
- 过程　让孩子闭上眼睛，伸出双手，并将掌心向上展开。家长将一些小物品放在孩子的掌心上，比如橡皮、石头、鸡毛、纸团、冰块、葡萄干等，让孩子猜物品。还可以将这些物品放在一个开口的纸箱中，让孩子伸手进去摸。摸到物品时先猜猜是什么，然后拿出来看看是否猜得对。

提示　可以在物品中放置一些让孩子感到惊喜的东西，比如他喜欢且一直想要的东西，如小魔方、指南针、装饰戒指等。

活动3　探索区
- 目的　明确做事的边界。
- 要点　向孩子解释不能做的原因。
- 过程　将孩子日常进行的活动分为三种区域：红色区域、黄色区域和绿色区域。红色区域是家长绝对不能接受的行为，比如一个人游泳、破坏财物、玩火等；黄色区域是家长不能接受，但可以容忍的行为，比如孩子生病期间闹情绪，刚开始学习时犯错误等；绿色区域是家长希望并支持的行为，比如玩有保护措施的轮滑等。

希望并支持的行为：和小伙伴在人多的地方玩　注意安全过马路

不能接受但可以容忍的行为：生病期闹情绪　偶尔犯小错误

不能接受的行为：一个人游泳　破坏财物　玩火

行为"红黄绿灯"

 **成长茶吧**

探索的勇气

在积极心理学中,勇气是非常重要的美德。

首先,有勇气的人做事勇敢。勇敢不是胆大妄为和冒失冲动,而是内心充满害怕,却依然能直面危险。勇敢的人能够将恐惧情绪与自己的行为分开,面对令人害怕的情境,仍能克服自身想要逃跑的冲动,忽略生理上的各种不适反应。还有心理上的勇气,具体包括坦然面对遭受的不幸,在逆境中依然保持人性的尊严等。

其次,有勇气的人做事坚毅。现代社会物质条件越来越丰沛,人们有很多选择,却常常虎头蛇尾。坚毅的人做事有始有终,即使承担了困难的任务,也会任劳任怨地坚持完成。

再次,有勇气的人为人正直。这个正直一方面是敢于挑战不公平,真诚对待他人,办事诚诚恳恳;另一方面是不虚伪,保持言行诚实。有时候,正直的人是皇帝的新装中说出真相的人;有时候,正直的人是给予他人信任和机会的人;有时候,正直的人是勇于承认自己犯下的错误,并承担相应的责任的人。

现代社会,大多数孩子生活在钢筋森林耸立的城市中,很难有机会去冒险,去在未知的情境中培养勇气。彭绪洛是一位儿童探险文学的作家,他认为探险是对未知世界进行探索的过程,勇于探险的人能拥有敢于探索的勇气和精神。为了培养孩子的勇气,彭绪洛在自己孩子4岁时便开始带她远行。在孩子6岁时,彭绪洛带孩子去了腾格里沙漠;在孩子7岁时,带孩子去了青岛和日照的海边;在孩子8岁时,带孩子穿越了敦煌的戈壁沙漠和旱峡无人区。通过这些真实的体验,他发现孩子内心变得强大起来,性格平和开朗;发现孩子不仅能够充分地认识大自然,更能意识到人类的渺小,对世间的万事万物有了敬畏之心。

此外,阅读探险作品,能满足孩子探索和求知的欲望,培养他们的勇气。孩子在探险作品中能学到很多新知识,得到很多新启发,总结很多新教训。有了这些阅读经历,当孩子长大步入社会后,遇到真正的困难和危险,他就能从记忆的故事中汲取力量,从容面对眼前的问题,积极寻找解决的办法。

孩子身体协调能力差怎么办？

- 方法 1 用安全的方式满足孩子运动的需求
- 方法 2 针对性地训练孩子的前庭功能

　　小红性格活泼，但协调力差，行动起来总是毛手毛脚。上课时会不小心打翻铅笔盒，在家时端杯水也会洒出去很多，平时学不会骑自行车，写字时用力过猛折断笔尖。父母心疼孩子，担心她受到伤害。

小红的表现，与前庭刺激需求量过高有关。前庭是人内耳中，负责觉察运动状态和头部空间位置的感受器。前庭感觉系统反应正常的孩子，身体能够在运动中保持平衡。前庭感觉系统反应较为迟钝的孩子，需要较高的前庭刺激需求以及较为强烈的速度刺激。这让他们喜欢爬上爬下，冲来冲去。此外，前庭刺激需求量过高的孩子，常常伴随着高强度的视觉刺激需求。手机和电子游戏中快速移动的赛车飞机和不断变化的屏幕图像，常常让他们沉迷其中。

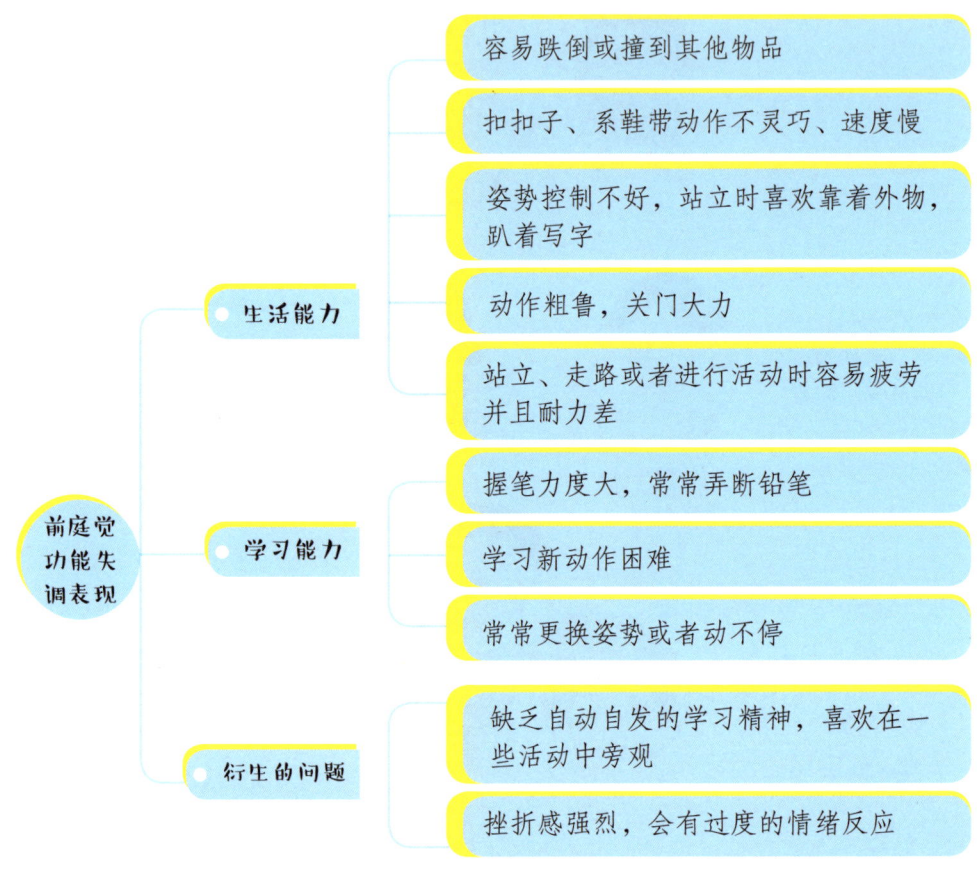

家长要理解孩子的感受，在保证身体安全的情况下，用安全而又合适的方法满足他们的前庭需求。要给予孩子足够的活动量，帮助他们适应校园生活的规范和规则，并通过一些游戏锻炼孩子的平衡和协调能力。

亲子活动

活动 1 手影游戏

- **目的** 锻炼手部的肌肉。
- **要点** 通过变换手势,改变影子的形状。
- **过程** 晚上睡觉前,用台灯照射手部,在墙壁上做各种形状的影像。

老狼　小兔　老鹰　山羊

活动 2 踩影子

- **目的** 锻炼孩子肌肉的灵活性和手脚的协调性。
- **要点** 身体保持平衡,主要依靠脚步挪动,踩对方的影子。
- **过程** 家长和孩子一起,在路灯下踩对方的影子。

提示 注意周边环境是否安全,要在平整和有一定摩擦力的地面玩耍。

活动3 一指神功

- **目的** 锻炼孩子平衡的感知能力和手眼的协调能力。
- **要点** 手指和腕部微调,主要依靠移动手臂保持平衡。
- **过程** 用手指顶起一定重量的物品,手指要在物品的中心和顶点。比如乒乓球拍、收拢的雨伞、羽毛球拍、长塑料瓶、书本等。

提示 手指陀螺也可以起到同样的作用。

以书本为例,找准书本的中心,用食指缓慢将书立起来,身体随书本的倾斜而走动,使书本立于指尖长久不掉下来。

成长茶吧

孩子前庭发育好了吗？

作为父母，当孩子出现多动问题时，常常会感到手足无措。每个孩子都有自己的身心特点，家长需要自己先放轻松，照顾好自己的情绪和感受，然后才能耐心和细心地照顾好孩子。

多动的原因很复杂，其中，前庭系统起着关键的作用。前庭系统是身体感觉信息的接收器，位于我们耳朵的内部，在听觉器官旁边。我们主要根据前庭信息，判断自己在空间中的位置，了解移动和前进的方向，保持身体的平衡。如果孩子由于先天发育或者后天原因（比如中耳炎），导致前庭系统反应迟钝，就会出现前庭刺激需求量过高的表现。家长需要为这些孩子提供安全而恰当的活动方式，满足他们的身体需求。

台湾研究者廖笙光在《搞懂孩子专注力问题，学习力提升200%》一书中，罗列出孩子前庭刺激需求量过高的一些表现。家长可以根据自己孩子的情况，按照"从不、很少、有时、经常、总是"做个小测试。如果十二项中，有超过六项表现"经常"和"总是"，就需要家长努力帮助孩子，更好地训练前庭系统。

- 不怕危险，喜欢刺激的事情。
- 喜欢旋转身体或翻跟头，不会觉得头晕。
- 常爬上爬下，不听劝止，就算是惩罚也很快忘记。
- 到游乐场会玩到停不下来，累了也不肯回家。
- 溜滑梯时，喜欢趴着、头向下滑下去。
- 在排队上有困难，常常会脱离队伍。
- 坐椅子常不乖乖坐好，会将前或后椅脚翘起来，不停地摇动椅子。
- 上课时，常会想要站起来，或到教室后走一走。
- 坐在旋转椅上时，会不自觉地旋转椅子。
- 跑步的时候，喜欢冲冲停停。

- 经常会抱怨很无聊，好像是一个口头禅。
- 在下课时，常会因为玩过头而忘记回教室。

  由于这些多动的孩子难以长久安静，有时候家长会用手机、电子游戏等吸引他们的注意。这种想要孩子安静下来的方法会让孩子沉迷电子产品，让孩子更加缺乏户外运动的调节和锻炼。只有在身体肌肉参与到现实的互动中，前庭系统才能逐渐达到正常的发育水平。

  家长可以和孩子建立约定和规矩，一周保证2～3次规律的外出活动，帮助孩子找到适合自己的运动方式。如果孩子能完成相应的约定或能坚持一段时间，家长就要及时给予奖励，鼓励和强化孩子的适宜行为。

  每个人长大以后，都会在世界上找到属于自己的位置。在童年时候，家长要给予孩子高质量的陪伴，对孩子的未来永远抱有信心，帮助孩子找到属于自己的人生舞台。

孩子在意身体变化怎么办？

- 方法 1　与孩子开放地讨论身体变化
- 方法 2　和孩子一起学习科学的性知识

到了五六年级，班上有女生开始穿上小背心。小红和其他女生在一起时，就会神神秘秘地说起这件事，大家对此很敏感。父母有时想给孩子传输一些青春期的知识，却又不知道该从哪里入手。

当大脑的下丘脑开始分泌可以激活脑垂体和性腺发育的激素时，青春期便开始了。青春期是孩子人生发展的重要阶段，大概从10岁开始，24岁前后结束。

孩子开始进入青春期后，他们的身体、情绪、想法和人际关系都会发生显著的变化。在这些变化中，最为明显的就是生理成熟引发的身体变化，比如男孩子开始出现喉结，女孩子乳房开始发育。这些变化让孩子们感到有些不能适应，对自己和他人身体上的这种变化也极为敏感。此外，进入青春期的孩子开始将兴趣点和精力转移到同龄人身上，开始在意同伴的意见和看法。

面对孩子的这些表现，家长有必要对孩子进行科学的性教育，首先，家长自己要对性教育有正确的认识。

家长对性教育的认识

❌ 谈身体发育和性的话题，是可耻的，让人难以启齿。	✅ 身体发育和性是人类重要的生活主题，是健康正常生活的重要内容。
❌ 和孩子谈性，会增加孩子尝试的可能。	✅ 科学的性教育，能够帮助孩子更好地克制性冲动。
❌ 家长的性知识不充足，无力教育孩子。	✅ 家长要学习科学的性知识，肩负起教育的职责。
❌ 孩子不会听家长谈论性和发育的话题。	✅ 孩子很重视家长的意见，只是有时担心受到责骂。

其次，家长可以开放地和孩子讨论青春期身体的变化，让他们明白这种变化会发生在每个人身上。家长要用官方正确的科学词语进行性教育，避免使用隐晦词和俗语。当家长能够将性教育与情感教育相结合，将青春期的身体变化和性成熟看作是人生正常的转变时，孩子在意他人想法的这种表现也会得到缓解。

很多家长自己也没有接受过正规系统的青春期教育，在面对孩子时家长首先要放松情绪，端正心态，正面应对孩子的疑问。当有不确定的内容时，家长可以和孩子一起查找资料，共同阅读、学习和讨论相关知识。

亲子活动

活动 1 青春期地图

- **目的** 了解青春期身体的各种变化。
- **要点** 用温和、平稳的态度,谈论身体的变化。
- **过程** 找一张人体图,请孩子标示出青春期身体可能发生的各种变化。对于谈到的每种变化,家长和孩子一起讨论具体表现。

提示 在讨论的过程中,可以将孩子的发育,和图示联系起来。

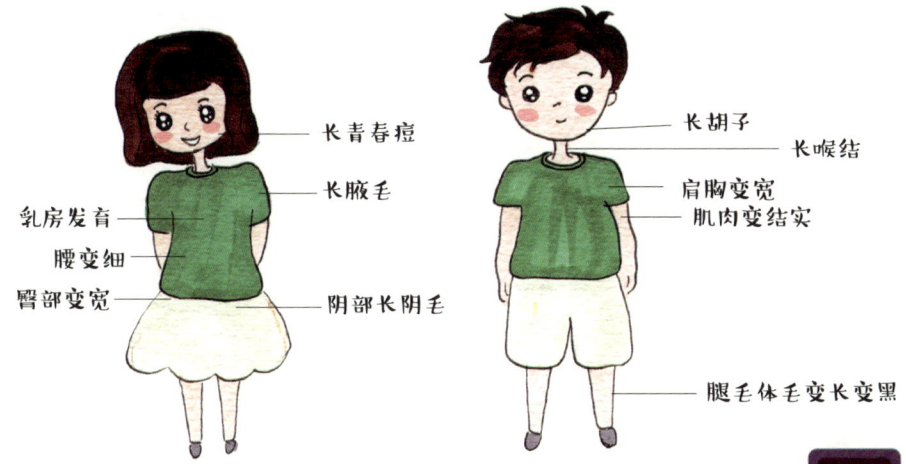

活动 2 身体"红黄绿灯"

- **目的** 认识身体的界限,让孩子预防可能的性侵害。
- **要点** 孩子具有身体权,任何人碰触自己身体都需征得同意。
- **过程**
  - 将身体分为绿灯区、黄灯区和红灯区。绿灯区是陌生人或正常人际交往中可能的碰触,比如无意的碰撞和握手等;黄灯区则是认识的人可能的碰触,比如拍肩膀和拍背;而红灯区通常是穿着泳衣后,遮挡的身体部位,大多情况下都不允许别人随意碰触。
  - 家长扮演各种身份,比如朋友和陌生人,然后准备碰触孩子的身体。
  - 孩子要说"同意"或"不同意",然后说出理由。

 **成长茶吧**

性教育的几个要点

在世界上的一些地区，有三分之二的女孩不明白月经来潮时发生了什么；在15~19岁的青少年女性中，怀孕和分娩并发症是死亡的第二大原因；全球范围内，只有34%的年轻人掌握了准确的艾滋病预防知识；每年大约有2.46亿名儿童会在校内或上学途中受到某种形式的性别暴力，包括虐待、欺凌、心理伤害和性骚扰；全球大约有1.2亿名女孩（超过1/10）曾遭受过强迫性交、其他强迫性行为或某种形式的亲密关系暴力。对青少年开展正确的性教育活动，已经成为国际普遍关注的话题。

2018年，联合国教科文组织、联合国艾滋病规划署、联合国人口基金会、联合国儿童基金会、联合国妇女署和世界卫生组织联合发布《国际性教育技术指导纲要》（以下简称《纲要》）。

《纲要》旨在帮助各国教育决策者为5~18岁及18岁以上的儿童和青年设计内容准确、适龄的性教育课程。《纲要》可以为课程开发者和管理者提供支持，指导他们根据实际情况开发和改编性教育课程，并提供有效的执行和监测方法。《纲要》致力于推进优质教育、性与生殖健康、青少年健康和性别平等。

针对人们对性教育的担忧和误解，《纲要》厘清了很多重要的概念，并依据研究证据对一些错误观念进行了反驳。

性教育不会增加性活动

研究发现，在校内外开展性教育不会增加性活动、风险性行为或艾滋病病毒感染率。单纯的禁欲教育在推迟首次性行为、减少性行为频率或性伴侣数量等方面毫无效果，但将推迟性行为与避孕方法相结合的性教育则有一定效果；关注社会性别的性教育，在实现健康目标，如降低意外怀孕和性传播感染率等方面，更为有效。当学校课程与青年友好型医疗服务相结合，并有父母、老师积极参与时，性教育的影响才能发挥到最大。

性教育要从小开始

性教育是一个持续的循序渐进的过程，性教育具有延续性和长期性，需要从小开始，并随着年龄增长，教育的程度应逐渐加深。性教育不仅要考虑儿童发展水平的多元性和多样性，而且要考虑主题的综合性。

如今的性教育不仅涉及生殖健康，也涉及人际关系、权利和性别平等、社会文化规范、暴力预防等主题，还包括沟通、决策、分析、批判性思考等能力，最终希望青少年形成知情同意、权利平等、责任感、互惠性、非歧视、非暴力等基本价值观念。

性教育要有针对性

《纲要》分5~8岁、9~12岁、12~15岁、15~18岁四个不同年龄段，为每一个主题设计了具体的学习目标，不同年龄段的学习目标在原有基础上加深。以"身心健康技能"概念中的主题"决策"为例：

5~8岁儿童的学习目标包括，描述一个曾经做过并以此为傲的决定；举例说明自己或他人所做决定及其带来的积极与消极影响；认识到儿童和年轻人在做决定时可能需要从家长或监护人，或者可信赖的成人那里获得帮助；全面了解情境有助于进行正确的决策；识别那些能帮助他们做出正确决策的家长、监护人与可信赖的成年人。

9~12岁儿童的学习目标包括，描述做决策的主要步骤；了解做决策是一项可习得的技能；运用决策过程来解决问题；指明一位可以帮助自己决策的家长或监护人，或者可信赖的成人。

12~15岁儿童的学习目标包括，评估性行为的不同决策可能导致的积极与消极后果；解释性行为决策如何影响人的健康、未来与生活计划；运用决策过程来解决所关心的性与生殖健康问题。

15~18岁儿童的学习目标进一步深化，包括分析性行为决策在个人、家庭及社会层面所产生的潜在社交及健康后果；认识到性行为决策会影响自身、家庭及社会；对于受自己的性行为决策影响的他人表现同理心；就性行为做出负责任的决策。

家长在对孩子进行性教育时，可参考《纲要》的内容。此外，家长可以根据自己孩子的实际情况，通过绘本、谈话和知识宣讲，对孩子开展适当的性教育活动。

Management

2

管理力

孩子书桌杂乱怎么办？

- 方法 1　掌握物品的特征和类别
- 方法 2　让孩子学会对物品分类、分区摆放

　　阳阳上学以来，无论在家里还是在学校里，书包和书桌经常乱糟糟。课本在阳阳书包里，就是找不到；铅笔盒刚刚用完，转眼就不见了。这种杂乱无章的情况影响了阳阳的学习效率。

孩子不会整理书包和书桌，缺乏生活的秩序感。**秩序感**是我们按照生活需要，对自己的时间、空间和物品进行分类、规划和整理的能力。有良好秩序感的孩子能够遵循一定的逻辑关系，比如时间先后、空间上下、物品类别等，对事物进行有序排列和摆放。这种秩序感在数学学习中特别重要，比如数位就是数字按照顺序排列的结果。

	亿级			万级				个级			数级
…	千亿位	百亿位	十亿位	亿位	千万位	百万位	十万位	万位	千位	百位	十位	个位	数位
…	千亿	百亿	十亿	亿	千万	百万	十万	万	千	百	十	个	计数单位

有秩序感的孩子对环境具有敏感性，能够根据环境的条件和要求，采取合适的行动。

小学低年级是秩序感发展的关键时期，秩序感培养的重点有：

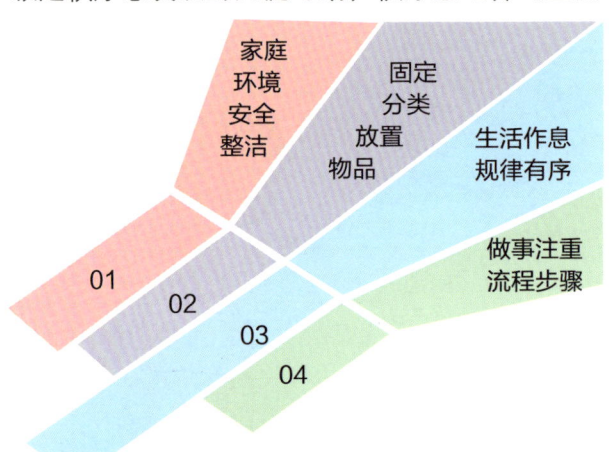

01 家庭环境安全整洁
02 固定分类放置物品
03 生活作息规律有序
04 做事注重流程步骤

我们会根据自己的需要，将生活空间分成不同的层面和区域。在孩子的生活中，由小到大的空间区域包括书包、书桌、学习区（椅子）、书房（书柜）、生活区（玩具、床）等。我们要和孩子一起学习对不同区域的物品进行分类、分区摆放，从而更好地利用这些空间区域。此外，有的孩子不能很好地区分物品的特征和类别，家长可以有针对性地对孩子进行训练。

亲子活动

活动 1　物品的"家"

- **目的**　让孩子学会对物品分类、分区摆放。
- **要点**　箱子和区域的标签要清晰。
- **过程**　家中放置一些收纳箱，贴上物品类别标签，并在相应位置上贴上标签。书桌分出不同区域，标明摆放物品的位置。每次用完物品后，放回固定的箱子和位置。

提示　每次整理物品时，可以用童趣的语言告诉孩子，让我们送文具"回家"。

活动 2　文具地图

- **目的**　学会对书本、文具分区摆放。
- **要点**　摆放的顺序要便于孩子拿放书本和文具。
- **过程**　购买具有多个分层和有硬板支撑的书包。确定每个隔层放置的物品后，画一张文具地图。比如铅笔盒放在外层，课本放在中层，作业本放在最下层。书本放置时，大开书本竖着放在下层，小开书本横着放在中层。每次按照文具地图放置书包中的文具。

活动 3　我说你猜

- **目的**　掌握物品的特征和类别。
- **要点**　按照"类别到具体特征"的顺序提问。
- **过程**　一个人心里想一个物品，然后请对方提问，只能回答"是"或"不是"。提问者根据对方的回答，猜测是何物品。

提示　鼓励孩子多提问，可以在提四五个问题后，给出一个提示。

成长茶吧

购买文具的几点注意事项

文具是孩子学习不可或缺的材料。每当开学时候，市场中新款的书包、书桌、台灯、本子和笔琳琅满目。面对这些让人眼花缭乱的文具产品，家长常常觉得无从下手。有时候只好听信广告和宣传，或者单纯依靠款式和样子进行挑选。对于如何挑选适合孩子的文具，我们给大家提几点建议。

1. 儿童要使用适合身心特点的文具

成人与儿童身体构造不同，肌肉和骨骼的发育程度不同，对危险的认知程度不同，文具使用目的和习惯也存在很大差异。因此，不能将成人的文具直接地交给孩子使用，最好挑选儿童专用的文具。

比如，成人与儿童骨骼发育程度不同，儿童与成人使用的笔杆粗细也不同。在设计上，儿童使用的笔类，笔帽不能太过细小，应突出笔夹，并要检查是否有通气孔，防止儿童吞咽笔帽后导致窒息。

比如，成人很多文具强调装饰性，有很多配件和色彩。儿童也喜欢五颜六色的卡通图案和设计精巧好玩的配件。但是，文具与玩具毕竟不同，过度装饰的配件可能会对儿童造成意外伤害，并且容易分散儿童的注意力。最好选用功能单一，装饰简朴的文具。

2. 挑选书包时要关注是否能够保护脊柱

家长可以翻看书包，在贴近孩子背部的一面，是否具有一定的厚度、弹性和可塑性。书包背面过软过薄，孩子在背着书包跑跳时，硬物会直接撞击孩子背部，起不到保护脊柱和缓冲冲击的作用。书包背面过硬则不能顺应孩子弯腰等身体变化，会降低孩子使用的舒适性。

无压护脊书包通常有三个特点。一是书包具有重心内板，重心内板可以让较重的书本紧靠背部。书本贴近背部行走时，书包往后下方拉幅度小，无须身体前倾来保持平衡，从而帮助腰背保持挺直。二是脊柱无压，书包背板中间部分凹入，提供无压空间，减少走动时书包撞击脊柱的概率。二是卸力减压，书包有腰带，背上书包后，扣上腰带，可以让书包部分重量从肩膀转移到盆骨，从而分散肩膀压力。书包背带宽至少要达到4厘米,调整长度到书包上部和肩胛骨接触良好,背起书包后,儿童感觉主要靠后背中部承重才算合适。

另外,背书包步行上学路程最好不超过20分钟。书包的重量不要超过孩子体重的10%。如果书包在设计上,将书本重量直接落在脊柱上,就会对儿童的脊柱造成压迫,时间久了容易导致儿童驼背、含胸等脊柱变形受伤。

3. 桌椅高度最好可以调节

有些家庭给孩子写作业用的书桌,是家长的书桌、饭桌或茶几。这些桌子的高度可能不适合儿童使用。儿童学习的桌椅最好是可以调节高度、宽度和倾斜度。

儿童书桌标准高度为53～79厘米,宽度为1米2左右,深度在60厘米左右。桌面一般为120厘米×60厘米或100厘米×50厘米大小,写字时倾斜度为7度左右。椅子的高度,以孩子坐上去后双脚脚掌完全贴地,小腿和大腿呈90度直角为宜。孩子坐直后,前臂能自然放到桌上,前臂与上臂约呈90度角为宜。

如果桌子过高,孩子可能会出现耸肩,长时间使用会使颈肩部肌肉紧张劳损。如果桌子过矮,孩子会低头弯腰,脊柱后方肌肉长期拉伸,出现驼背或腰酸背痛等问题。

4. 台灯要高亮不刺眼

虽然很多厂家都说自己的灯具具有护眼功能,但到目前为止,国际上还没有任何针对护眼灯的标准。医学研究也没有证据显示,哪个波长光和哪个频率光闪能够预防近视。一般而言,家长只要选择高亮而不刺眼,光照区域较大,具有光强多个挡次调节就可以了。如果灯源光照过暗或过亮,儿童容易出现视疲劳,使用一段时间后可能会出现眼睛累、经眨眼、揉眼,甚至头痛、头涨等情况。

孩子做事拖拉怎么办？

- 方法 1　让孩子保持专注力
- 方法 2　对任务进行排序并设定完成时限

阳阳做事总是磨磨蹭蹭，老师布置的课堂作业不能及时完成；在家里，家长总要催促：快点起床、快去洗脸刷牙、快点吃饭、快点写作业，连睡觉也是快点快点。阳阳的表现让父母很着急，却不知道该如何督促他养成良好的习惯。

阳阳的表现，是小学低年级孩子常见的做事拖拉问题，他们在单位时间内完成任务的效率往往较低。这是因为上小学后，孩子们在规定时间内，完成的事情越来越多。完成规定任务一方面需要专注手头的事情，另一方面需要抑制无关的事情，这就需要大脑执行功能发挥作用。当大脑执行功能不能很好地发挥作用时，老师和家长就会觉得孩子做事总比别人慢半拍。

除了专注力以外，造成孩子做事拖拉可能还有以下几个方面原因：

- 孩子为了逃避后面的任务，故意放慢完成作业的速度。
- 孩子小肌肉发育、身体协调性和手脑协作性都不完善，做事速度有一个逐渐加快的过程。
- 孩子做事缺乏经验，没有掌握方法，导致事情进展缓慢。
- 孩子对某些事情特别有兴趣，反复尝试，不断重复。这是一种沉浸式学习，家长误以为是做事拖拉。

家长可针对性地对孩子进行专注力训练，让孩子在做事的时候保持专注力。平时，家长要耐心地教给孩子一些做事方法，不断地催促或心急地帮忙代办都不能解决问题。家长和孩子可以一起对需要完成的任务进行排序，将困难的任务和孩子喜欢做的事情搭配起来，并设定任务的完成时限。可以将孩子喜欢的事情，作为完成困难任务的奖励。当孩子在规定的时间内完成任务后，可以踢足球、看漫画、和同伴玩时，他们完成作业的速度就会快起来。

重要且紧急	重要但不紧急	紧急但不重要	不紧急不重要
● 全力面对任务，否则会感到压力越来越大。	● 集中力量，优先处理。防止事情演变为重要且紧急的项目。	● 认真辨别，仔细思量。学会拒绝无价值工作。	● 学会控制自己，抛弃此类事务。

# 亲子活动

活动 1　一枪打四鸟

- **目的**　利用手指操将大脑切换到专注力较集中的状态。
- **要点**　将注意力集中在手指的活动上。
- **过程**

 　　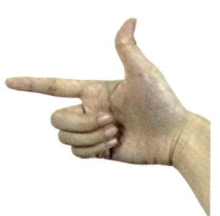

1. 左手比画成"八"当作枪，右手竖起一个手指比画成"一"。　　2. 左手竖起两个手指成"二"，右手比画成"八"当作枪。

 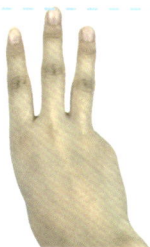　　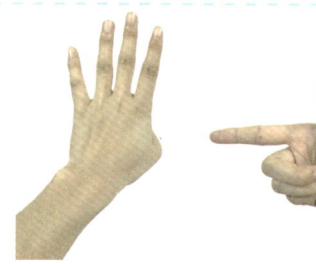

3. 左手比画成"八"当作枪，右手竖起三个手指成"三"。　　4. 左手竖起四个手指成"四"，右手比画成"八"当作枪。

> **提示**　可以左右手交替进行手指操，也可以增加数字直至"一枪打九"。

活动 2　学习时刻

- **目的**　创设能让孩子保持专注力的学习环境。
- **要点**　让环境中的各种要素，都有助于孩子进行专注学习。
- **过程**

> - 整理书桌，将与学习无关的物品清理干净。保证照明充分。
> - 在孩子学习房间的门内外，贴上"学习时刻，请勿打扰"的标语牌。
> - 当孩子按时或提前完成任务，允许他进行喜欢的体育或阅读活动。

> **提示**　家长要鼓励孩子慢慢思考。学得快往往遗忘得快，慢慢思考才能在大脑的神经元之间建立牢固的联系，不容易忘记。

活动 3　番茄时间管理法

- **目的**　在完成任务的时间中，保持专注力。
- **要点**　明确要完成的任务和目标，设定任务的完成时间和提醒。
- **过程**　将需要完成的任务列成清单，设置半个小时或四十分钟为一个单位的番茄时间。开始不间断学习，直到闹钟响起，在该任务后面画一个"×"。休息 10 分钟后，继续前面的任务。直到第二个番茄时间结束。

> **提示**　开始时，番茄时间可以设定为十分钟或二十分钟，中间不能被其他活动打断。

番茄工作法

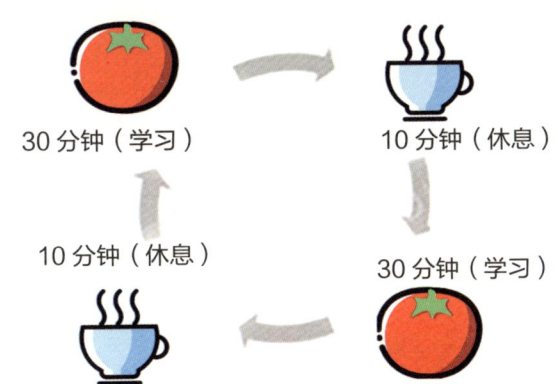

 **成长茶吧**

用对方法，告别拖延症

时间是我们对自己注意力分配的一种衡量指标，善用时间的人能将注意力放在更有意义的事务上，管理好时间是生活和事业成功的重要条件。然而很多家长反映，孩子上学以后做事拖拉，20分钟可以写完的作业，常常会磨蹭上2个小时；早晨起床要一遍又一遍地提醒，直到时间很紧张的时候，才匆忙穿衣收拾；又出现早餐吃不好，该带的东西未带等丢三落四的情况。到了周末和假期，孩子的兴趣班多了起来，时间显得更加紧张和难以安排。

时间管理并不是孩子先天具有的能力，必须通过后天刻意学习才能获得，这对很多孩子和家庭造成了一定的挑战。有些家长整天催促孩子完成任务，这种做法无法培养孩子形成时间管理的能力。家长最好能提供给孩子支配和安排时间的机会和权力，让孩子在自主掌控时间的过程中，逐渐学习时间管理。

1. 家长需要和孩子讨论事情完成的程序

时间管理专家建议，完成每一件事可以分为五个步骤：

- 罗列：将需要完成的事情全部罗列出来；
- 分类：将这些事情按照重要性和紧急性分类；
- 计划：根据分类情况形成任务清单和任务计划；
- 行动：按照计划完成任务，并根据实际情况调整清单；
- 总结：每天或每周对事情的进度进行回顾总结。

其中，将事务按照轻重缓急进行排序，是较为重要的环节。我们可以按照这个标准，将事务分为重大的A类事务（重要且紧急）、次要的B类事务（紧急不重要和重要不紧急的事务）、一般的C类事务（既不重要，也不紧急）。

一般而言，孩子的健康饮食、充足睡眠、足量运动、自主游戏和投入学习都属于重大的 A 类事务；看演出、聚会等属于次要的 B 类事务；兴趣班、休闲游乐等属于一般的 C 类事务。

2. 家长要和孩子制定恰当的任务目标

> **有专家提出目标达成的 SMART 标准，内容包括：**
> - 具体性（specific）：目标明确清晰，具有未来导向；
> - 可测性（measurable）：目标结果可以用量化指标测量；
> - 可行性（attainable）：目标高于孩子先有水平，又是可以实现的；
> - 相关性（relevant）：目标要符合现实情况；
> - 及时性（time-based）：目标需要在规定限期内完成。

3. 利用自然结果教育孩子

和孩子商量好每天起床时间后，前一天晚上可以让孩子自己上好闹钟，并事先约定如果由于自己不按时起床，导致上学迟到的结果需要自己负责。第二天如果按时起床，则要大力夸奖孩子能够管理好自己。如果孩子起晚迟到，可以和老师沟通，请老师对其进行教育，让孩子从中汲取教训，养成按时起床的习惯。

家长也要注意，不能因为孩子完成作业的速度快或能提前完成作业，就继续增加课外的作业量，这会导致孩子故意拖延作业时间，来避免完成后增加的任务。家庭中孩子完成作业最好有稳定的时间段、固定的地点和适当的作业量，家长尽可能不给孩子安排计划外的事情。

孩子不会理财怎么办？

- 方法1　帮助孩子树立正确金钱观
- 方法2　培养孩子的理财能力

小明喜欢各种各样的新文具，没等手头的文具用旧或用完，就缠着妈妈买新文具。一旦新文具到手，没几天又丢到了一边。在平时花钱上小明也大手大脚，爸妈给的零花钱很快用光了，妈妈询问买了些什么时，小明自己也说不出来。

孩子小时候没有金钱观念，上学后会表现为不爱惜文具、胡乱消费、不会打理财物等。从小学开始，家长可以培养孩子的理财能力，帮助孩子理性消费，懂得靠自身努力获得财富。

小学低段理财教育的重点有：

- 比较商品价格与自己的钱数，评估购买能力
- 制订短期的花费计划，记录收支账户
- 设定购买目标，到银行存钱
- 通过思考和努力，自己挣钱

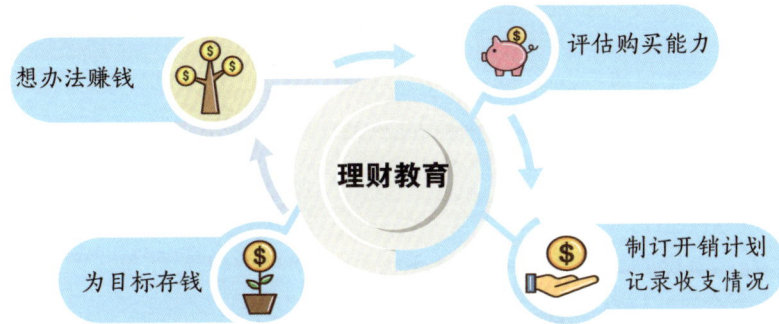

我们生活在一个努力工作、理智投资，才会获得回报的年代。财物的数量和质量，是我们能否规划好人生的重要指标。平时，家长要有意地和孩子一起进行一些活动或游戏，培养孩子正确的金钱观，提高孩子的理财能力。通过培养孩子的理财能力，让孩子学习如何规划好自己的人生。

正确的金钱观和不正确的金钱观

❌ 不正确的金钱观	✅ 正确的金钱观
钱是不好的东西	钱能帮我们做很多事情
谈钱很丢人	钱是生活离不开的部分
小孩子挣不到钱	谁都有机会挣钱
只要努力就能挣到钱	努力还要动脑筋，才能挣到钱
钱越多越好	挣钱是为了帮助自己实现梦想

亲子活动

活动 1 金钱大冒险
- **目的** 了解金钱和生活的关系。
- **要点** 一些看似不花钱的事物,背后都有金钱在运作。
- **过程** 家人和孩子轮流针对以下问题进行讨论。

> 身边哪些事情的运转需要钱?
> 如果没有钱就会停止运行的事有哪些?
> 如果没有钱,哪些事情不能做?
> 如果有更多的钱,还可以做哪些事情?

提示 和孩子一起逛超市的时候,可以玩猜价格的游戏。

活动 2 家庭协议
- **目的** 用规则安排家庭生活的内容,让孩子通过实际操作,学习制定规则和遵循规则,从而培养孩子的理财能力。
- **要点** 制定协议时,要和孩子反复商量,取得孩子的认可便于执行。
- **过程** 将看电视、玩游戏、用手机、吃零食、零花钱等家庭活动,制定成为孩子可以接受的家庭协议。协议包括活动内容、活动条件、活动时间、取消活动的条件等。

冰淇淋时间
- 🕐 周六下午
- 😊 完成篮球运动半小时后,吃一个冰淇淋
- ↩ 买冰淇淋的钱可换购其他零食

提示 可以先从一个简单的家庭协议开始,摸索出适合自己家庭的协议。

活动3　梦想储蓄

- **目的**　理解金钱是实现梦想的工具，帮助孩子树立正确的理财观。
- **要点**　看得到金钱增长和梦想逐渐实现之间的关系。
- **过程**

> - 请孩子说说，自己有什么梦想。画一个坐标轴，用彩色笔画，描绘梦想实现后的场景与细节。
>
> - 请孩子说说，为了实现梦想，需要多少花费。将花费制作成坐标轴的纵轴，顶端是需要的总金额，纵轴按照金额和百分比分段，完成多少可以涂成彩色。当金额累积够了时，纵轴和物品全部涂成彩色。
>
> - 鼓励孩子坚持计划，不定期地和孩子讨论最初的梦想。存够钱数后，孩子提出申请，家长核实，一起购买物品，完成梦想。

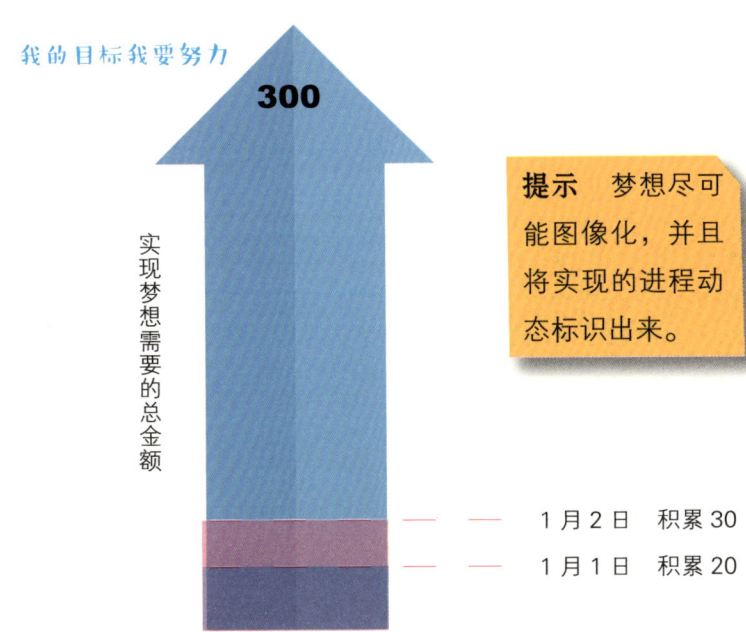

提示　梦想尽可能图像化，并且将实现的进程动态标识出来。

 **成长茶吧**

名人的金钱观

鲁迅的金钱观

鲁迅先生在《娜拉走后怎样》一文中说:"钱这个字很难听,或者要被高尚的君子们所非笑,但我总觉得人们的议论是不但昨天和今天,即使饭前和饭后,也往往有些差别。凡承认饭需钱买,而以说钱为卑鄙者,倘能按一按他的胃,那里面怕总还有鱼肉没有消化完,须得饿他一天后,再来听他发议论。自由固不是钱所能买到的,但能够为钱而卖掉。"

这段话充分说明了金钱对我们生活的重要性,很多家长一再对孩子强调金钱的重要性也无可厚非。一方面,钱是对各种资源所有权和使用权的量化与度量,钱的多少反映了一个人能够调动资源的总量和能力;另一方面,钱是用于享受生活的,量入为出、必要的生活支出也是正常的。如何用好钱,管理好钱财,是一门学问。

俞敏洪的金钱观

俞敏洪将花钱看作一种投资,朋友交往带来情感的回报,聊天带来智慧的回报,散步带来思考的回报,他建议我们用投资的眼光看人生。他认为,我们常常会有一个错误观念,我们花出去的时间、耗费的精力、花费的金钱,就只是花掉了,并没有回报。但其实我们的时间、精力、注意力等,在某种意义上来说,都是一种投资,并不是简单地花掉。投资行为最核心的特点,就是需要取得回报,并且最好是成倍的回报。

这里面还涉及到经济学的机会成本问题,就是我们古语所说:"有得必有失"。你在这件事务上投入了金钱和精力,意味着你失去了在其他事务上投入金钱和精力的机会,因此如何选择显得尤为重要。俞敏洪举例子说:"100元仅仅用来吃饭,回报就是吃饱,也许和20元的没有什么两样。但是如果用20元吃饭,剩下的钱去看一场电影、买一本书,甚至还能给自己的爱人买一朵玫瑰,这个投资就是非常合算的。我们将获得感情、知识、能力上的回报。"

吴军的金钱观

吴军曾用五句话概括自己的金钱观:

- 钱是上帝存在你那里的,不是给你的,回头你要还给他;
- 钱只有花出去才是你的;
- 钱和任何东西,都是为了让你生活得更好,而不是给你带来麻烦;
- 钱是靠挣出来的,不是靠省出来的,而挣钱的效率取决于一个人的气度;
- 钱是花不光的,但是可以迅速(投资、投机)光。

家长要认清钱的本质,懂得钱的用途,具备挣钱的本领。当家长和孩子在金钱观上达成一致时,方能给孩子树立正确的金钱观,让孩子过上理想的生活。

孩子经常忘带东西怎么办？

- 方法1　学习记忆的小窍门
- 方法2　设计使用记忆的工具

上小学后，阳阳经常出现忘带东西的情况，红领巾、水壶、作业本、课本、铅笔盒，都曾出现在忘带清单上。无论父母和老师口头叮嘱，还是事后教育，阳阳当时都说下次会记得，可是下一次还是出现这种情况。老师和父母对此很无奈。

阳阳经常忘带东西，和记忆有关。人的记忆分为感觉记忆、短时记忆和长时记忆三个阶段。在日常生活中，当一件事刚出现时，记忆只停留在感觉记忆和短时记忆阶段，如果大脑不对它进行加工和组织，就会快速忘记。大脑的这种记忆存储模式，可以让人将注意力放在重要的事情上，这样才能够为需要记忆的事情腾出空间和精力。比如下雨时，雨伞是重要东西；雨停后，伞就变得不那么重要了，所以，我们下雨记得带伞，雨停后就容易忘记带伞。

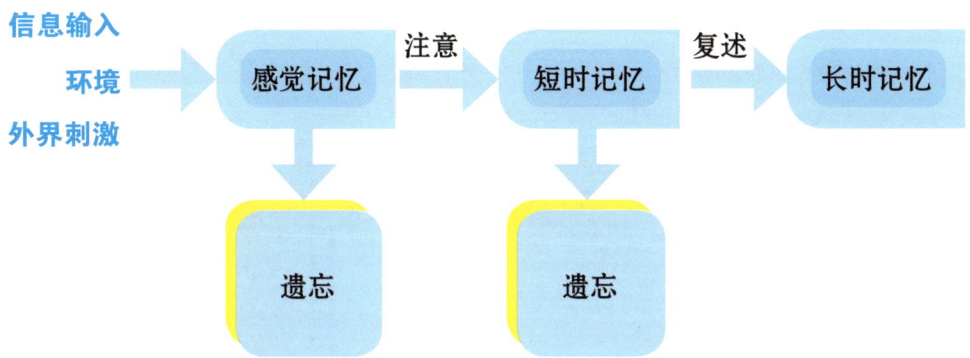

孩子上小学后，需要记忆的东西多了起来。对于常规的一些活动和物品，无须刻意记住每个细节，可以使用一些工具以减轻大脑的记忆负担。

如果事情比较重要，我们需要运用一些记忆方法，让事情从感觉记忆和短时记忆阶段，进入长时记忆。语言强调并非加强记忆的最佳方法，家长和孩子可以一起运用一些能够提醒和加强记忆的方法，在活动操作中帮助孩子记忆重要的事情。

亲子活动

活动 1 书包清单

- **目的** 借助工具减轻记忆负担。
- **要点** 将不需要记忆的事物转移到清单中。
- **过程** 书包中有些学习用具是常备的，比如铅笔盒和笔记本。有些学习用具要根据课程表和学校活动变化，有增有减。家长和孩子一起根据一周课程安排，制定书包清单。将清单贴在书桌前，每天写完作业后，对照清单整理书包。

检查清单		
	学校	家
橡皮		
铅笔		
帽子		
毛衣		

提示 孩子的学具要少而精，比如：铅笔或水笔在三支以内，本子全部用完再开始用新的。数量多了会分散精力。

活动 2 归类成套

- **目的** 形成自己的生活秩序，减轻记忆负担。
- **要点** 物品按照一定的特征进行分类放置。
- **过程** 对于重要而常用的物品，比如作业本、铅笔盒、红领巾等，要在醒目的地方留出特定的摆放位置。比如：在家门口设置一个粘钩，用来挂放红领巾。

一些物品可以与相关物品用绳子连接起来，由容易忽视的单个变成显眼的多个。比如：校园卡、车卡或者钥匙用绳子穿好挂在书包上。

提示 可以用空闲的纸箱，帮助孩子分类放置物品。

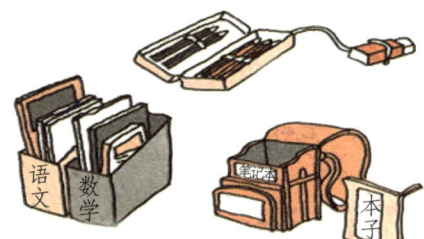

活动3　寻找宝藏

- **目的**　锻炼孩子的空间认知能力和记忆力。
- **要点**　将语言描述和空间认知相结合。
- **过程**　家长在家中角落放置一件物品,比如一支笔、一块糖、一本书等,然后向孩子描述位置,请孩子根据家长的描述找到物品。

> **提示**　孩子如果觉得记不住描述,可以和孩子先画一张藏宝地图。

 **成长茶吧**

睡眠与记忆关系密切

睡眠是人体必不可少的活动，个体一天有大约三分之一的时间在睡眠中度过。对于儿童来说，晚上九、十点到清晨六、七点是最佳的睡眠时间。睡眠充分的儿童，一天都会精神好、心情好、思维活跃，做事容易集中注意力。在睡眠过程中，人体会分泌生长激素，刺激神经发生和线粒体生长。

睡眠能够加强脑细胞之间的联系，通过让大脑处理以往的经验、巩固新的记忆，从而达到改善记忆力的作用。研究者发现，睡眠充足的小鼠，大脑的神经元会有显著的树突生长；而睡眠不足的小鼠，大脑树突生长较少。没有新树突的生长，小鼠就很难处理它们接收到的新信息，无法巩固它们学到的新技能。

《健康报》曾报道过一个相关的研究。美国哈佛大学医学院的研究人员将28名学生随机分成两组，第一组两天一夜不睡觉，第二组正常睡眠，然后请他们浏览并记住一些图片。接下来，研究者请两组学生正常睡眠两个晚上，然后在图片中找出自己第一次测试中浏览过的图片。结果显示：睡眠不足的学生在第一次测试中的表现不如睡眠正常的学生，正常睡眠两个晚上之后这些学生的表现明显好转。

大脑中负责记忆的部分是海马体。研究人员对学生大脑活动进行扫描，结果发现：第一次测试中，第一组学生大脑的海马体活动，不如第二组学生活跃。睡眠不足干扰了大脑海马体的机能，进而影响了学生的记忆。

这个研究说明睡眠不足会影响记忆，而正常睡眠对恢复记忆有明显的促进作用。

20世纪90年代，世界卫生组织调查发现，全世界有27%的人存在睡眠障碍。睡眠对人体的身心具有修复作用，大脑在人体睡眠时能够清除毒素，而缺乏睡眠则会增加人体发生多种疾病的可能性。如果儿童睡眠不足，就会出现情绪低落、注意力不集中、记忆力衰退、烦躁不安、焦虑易怒等情况，从而影响正常的学习和生活。为了引起人们对充足睡眠的重视，国际精神卫生和神经科学基金会规定，每年3月21日为"世界睡眠日"。

为了让孩子拥有高质量的睡眠，家长可以注意以下几点：

- 孩子的卧室主要用于睡眠和休整，要保持洁净、清爽和通风，尽量不在卧室做看电视、吃饭等事情。
- 卧室的布置尽量中性化，避免色彩鲜艳的图片和可能会产生厌烦心理的书本，可以摆放一些孩子喜欢的玩偶，让大脑保持放松状态。
- 使用遮光挡板或窗帘，隔离外界光源，避免光线干扰孩子的睡眠。
- 保持孩子的卧室足够凉爽，但不能寒冷。
- 卧室中不使用电子设备，睡觉时要将电话手表、手机、电子游戏、ipad等产品放置到其他房间。
- 选用软硬适中的床垫，床上用品要保证低过敏性和高透气性。经常清洗床单床罩，经常对床垫进行除尘。
- 在睡眠前做一些能够放松身心的事情，比如整理床铺、深呼吸、冥想、散步、洗温水澡等。
- 如果头脑中感觉还有事情，可以拿出纸笔，将想法和明天的计划写下来，清空大脑。

孩子个小超重怎么办？

- 方法 1　关注孩子的健康指标情况
- 方法 2　让孩子养成健康的生活方式

要求身高1米3以上哦。

你好，我很喜欢篮球，请问一下我可以参加学校的篮球队吗？

妈妈，我想参加学校篮球队，可是他们要求身高1米3以上……

怎么才能帮助明明长高呢？

到了小学三年级，班上很多孩子开始长个，彼此之间的身高慢慢出现差距。看着身边的小伙伴都比自己个子高，能参加自己热爱的体育项目，明明心里很难过，这种难过的情绪有时还影响了明明的学习。妈妈知道了这个情况后，也很着急。

孩子在生长发育过程中，身高和体重会受到各种因素的影响，比如遗传、疾病、营养、运动和睡眠，而这些因素都与健康的生活方式有着重要的联系。

因此，家长要将健康作为孩子成长的首要关注点，密切关注孩子在不同年龄阶段的健康指标情况。

针对小学生的身体情况，这里罗列了几个值得家长关注的指标和标准。

孩子未来身高的估算

家长可以根据公式，估算孩子未来的身高：

男生的未来身高＝（父亲身高＋母亲身高＋11）/2±7.5厘米

女生的未来身高＝（父亲身高＋母亲身高－11）/2±7.5厘米

《国家学生体质健康标准》

按照2017年《国家学生体质健康标准》，对照孩子体重指数，确认是否正常。体重指数（BMI）＝体重（千克）/ 身高的平方（平方米）。

男生体重指数（BMI）单项评分表（单位：千克/平方米）

等级	一年级	二年级	三年级	四年级	五年级	六年级
正常	13.5～18.1	13.7～18.4	13.9～19.4	14.2～20.1	14.4～21.4	14.7～21.8
低体重	≤13.4	≤13.6	≤13.8	≤14.1	≤14.3	≤14.6
超重	18.2～20.3	18.5～20.4	19.5～22.1	20.2～22.6	21.5～24.1	21.9～24.5
肥胖	≥20.4	≥20.5	≥22.2	≥22.7	≥24.2	≥24.6

女生体重指数（BMI）单项评分表（单位：千克/平方米）

等级	一年级	二年级	三年级	四年级	五年级	六年级
正常	13.3～17.3	13.5～17.8	13.6～18.6	13.7～19.4	13.8～20.5	14.2～20.8
低体重	≤13.2	≤13.4	≤13.5	≤13.6	≤13.7	≤14.1
超重	17.4～19.2	17.9～20.2	18.7～21.1	19.5～22.0	20.6～22.9	20.9～23.6
肥胖	≥19.3	≥20.3	≥21.2	≥22.1	≥23.0	≥23.7

腰围身高比

另外，家长也可以根据腰围身高比，评估孩子的体重情况。腰围身高比＝腰围（厘米）/ 身高（厘米），如果腰围身高比大于0.5，代表腹部肥胖，需要特别留意。

在各种影响身高体重的后天因素中，营养、运动和睡眠最为关键。家长要保证孩子摄入充足的蛋白质，多吃奶制品、豆、蛋、鱼，最好不喝含糖饮料。生活中安排充足的睡眠时间和运动时间，杜绝或者减少一些不良的生活习惯，比如久坐不动、姿态不正、无节制地食用零食甜食等，让孩子在家庭生活中学习自我管理，形成健康的生活方式。

亲子活动

活动 1　跳绳

● **目的**　通过简单方便的追、赶、跑、跳等运动，刺激骨骼生长板。

● **要点**　每周至少运动 3 次，每次至少 20 分钟，每次运动心跳速率达到每分钟 130 次以上（微微喘气即可）。

● **过程**　家长和孩子一起暖身预热，然后轮流跳绳，进行比赛。先从一组 10 下开始，然后慢慢增加。每分钟跳 60 到 100 下，一天跳 500 下左右。

> **提示**　穿着舒适的鞋子，防止扭伤脚。避免高强度、长时间练习，适量就好。

`活动2` 睡前故事

- **目的** 保证孩子每天保持愉悦的心情入睡,并睡足八个小时。
- **要点** 晚上10点前入睡,讨论能让人放松平静的主题。
- **过程** 将卧室灯关掉,家长给孩子讲故事。故事的内容可以是今天学校和家里发生的事,可以是家长和孩子想要表达的感谢,也可以是令人感到愉快的童话。故事讲述时间控制在10分钟内,孩子心情平静即可。

提示 家长在讲述中可以抚摸孩子的头发,或者按摩孩子的脚心和小腿。结束时亲吻孩子,互道晚安。

`活动3` 健康"5211"

- **目的** 养成合理的饮食习惯。
- **要点** 家庭生活要丰富多样。
- **过程** 每天吃5个拳头大小的蔬菜水果,使用电脑、电视和手机时间每天不超过2小时,每天进行1小时以上中等或高强度运动,每天吃肉不超过1个手掌大小,不喝含糖饮料。

提示 可以用列表或清单的形式,保证每天的健康饮食和活动。

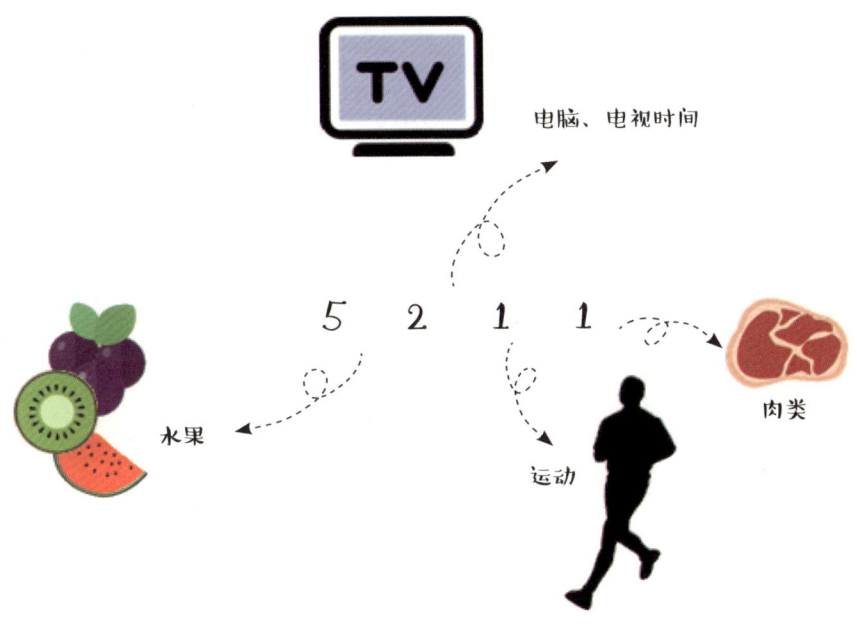

 **成长茶吧**

孩子长高有妙招：多睡多动少吃糖

儿童身高是很多家长关心的问题。一般而言，孩子身高低于正常人群平均身高两个标准差以上或三个百分位以下，可以视为矮小。2岁以后，孩子每年身高要长5～6厘米。如果孩子比同龄人平均身高矮5～6厘米，就要引起注意，最好到专业门诊进行检查。

孩子长高的最佳时期

孩子4～9岁是身高成长较为平缓的时期，孩子80%左右的身高，是在这个阶段形成的，一般这个"基础"身高在140～145厘米左右。进入青春期后，性激素分泌增加，促进生长激素分泌，孩子身体会迅速增高。青春期身高增长占整个身高增长的20%左右，男孩会长30厘米左右，女孩会长25厘米左右。同时，性激素会加速骨骺闭合，骨骺闭合后，身高不再生长，孩子将达到最终身高，这往往是人一生中的最大身高。

如果青春期提前，女孩在8岁之前，男孩在9岁之前出现第二性征，称为性早熟。性早熟会促使孩子身高增长过快，比如半年超过4厘米、一年超过8厘米，虽然性早熟能促使孩子在短时间内长高，但骨骺也会提前闭合不再生长，会影响孩子的最终身高。

另外，男孩或女孩到了14岁还没有发育，则称为性发育延迟。如果孩子性发育延迟，身高也会低于同龄人。发育迟缓的孩子进入青春发育期后，无法启动长高的"加速程序"，会导致身高跟不上大多数孩子的平均值。

如果孩子在10岁前快速成长且出现提早进入青春期的症状，或者出现发育迟缓的情况，家长要及时带孩子到医院儿童内分泌科进行检查。针对性发育过早或过晚的情况，对引发孩子性发育异常的原因进行治疗。比如颅内肿瘤，可通过手术等方法进行治疗。

生长激素是人体本身就分泌并存在的激素，临床上所使用的生长激素与人体分泌的生长激素结构基本相同，对过早进入性发育或延迟进入性发育的孩子，加用适量的生长激素，使其在原有的基础上生长加速，或保持原有生长速度，这些治疗能够抑制或唤醒性发育。

生长激素是长高的关键

孩子的身高主要受生长激素影响，这是一种由脑垂体合成和分泌的蛋白质激素，能够促进身高增长，是长高的基础激素。而生长激素又受先天遗传和后天生活方式的影响。遗传决定了人体对生长激素的敏感性，生活方式影响生长激素的水平。

一些疾病会影响到生长激素的分泌，比如出生难产，脑垂体会受牵拉损伤，孩子容易出现生长激素抵抗的情况，导致孩子不长个儿。有时候，即使生长激素分泌正常，如果人体对生长激素没有正常的反应，身体不能很好地利用生长激素，也会影响到身高的增长。这种情况临床上称为生长激素不敏感，是目前临床上大多数"不明原因矮小"儿童的病因，也叫特发性矮小。

另外，先天性或幼年时缺乏甲状腺激素，可引起呆小病。呆小病患者的骨生长停滞而身材矮小，上、下半身的长度比例失常。贫血、哮喘、打鼾会影响机体的供氧，寄生虫病、肺结核会消耗人体的营养，这些都会影响孩子的生长发育，从而影响身高的增长。如果孩子出现这些病症，家长要向医生咨询，是否这些病症具有影响孩子长高的可能，并及时进行治疗。

孩子不会选兴趣班怎么办

- 方法1 适当地指导孩子进行选择
- 方法2 让孩子看到自己的成长和变化

上小学后，越来越多的孩子开始参加兴趣班，希望通过兴趣班来加强自己的特长。小莉不知道选什么兴趣班好，学了几天绘画后，换成舞蹈，学了几天舞蹈后，又向妈妈哭着表示不愿继续学下去了。看着小莉一直没找到自己的兴趣所在，妈妈有些担心。

好的兴趣班往往能强化孩子学到的知识，同时也能培养孩子积极投入、倾听表达、自信坚毅等品质和社会交往等能力。但绝大多数的孩子对自己不够了解，不知道该如何选择兴趣班。

家长可以根据**多元智力理论**，适当地指导孩子选择一些兴趣班，巩固和拓展孩子在学校中学习的内容和能力。

多元智力理论

逻辑数学
科学家
数学家
- 具有辨别逻辑或数量的类型的敏感力，有思维和推理能力。

空间视觉
航海家
艺术家
- 具有精确地观察视觉—空间世界的能力，能对知觉进行各种形式的转换。

语文
诗人
记者
- 具有对声音、节奏和文字意义的敏感力，以及对语言的不同功能的敏感力。

肢体动觉
舞蹈家
运动员
- 具有控制自己的身体运动和巧妙地处理物体的能力。

音乐
作曲家
音乐家
- 有产生和鉴赏节奏、音的高低和音色的能力，有鉴赏音乐表达形式的能力。

人际
治疗师
销售员
- 具有能适当地辨别和反应出他人情绪、性情、动机和欲望的能力。

自然观察
博物学家
- 有对自然物体（比如动物和植物）的敏感力，能使用感官做细微的区别。

内省
具有详细及精准自我知识者
- 具有觉察自己的情感和区别不同情感的能力，且能利用它们来引导行为。

有些孩子先有兴趣，然后深入学习，也有些孩子是在学习中逐渐产生兴趣。在孩子对世界认知不够、未对某项事物产生强烈的兴趣的时候，家长可以让孩子边学习边寻找自己的兴趣，帮助孩子克服在过程中遇到的困难。

每个孩子都愿意亲近关心自己的人,并乐于接受他们对自己的帮助和引导。同时,也有很多时候,孩子的兴趣来自家长对于事物的态度。家长可以在孩子面前,有意识地表露出对某些事物的喜好。当孩子开始一项兴趣的学习后,家长要让孩子看到自己的成长和变化。允许孩子在克服困难后,给予自己适当的奖励。

亲子活动

活动 1　成长档案袋

- **目的**　让孩子看到自己成长的痕迹。
- **要点**　运用丰富多样的记录形式，体现出孩子的变化和成长。
- **过程**　家长将孩子成长的点滴表现收集整理成档案袋。档案袋按时间顺序，放置孩子平日练习的照片、第一次登台的照片、获奖证书、老师和家长的评语寄语、孩子的作品等内容。在照片和实物边上，家长和孩子可以写下自己的感言，还可以制作成电子相册形式的档案袋。

提示　可以请孩子一起参与制作和整理档案袋。

活动 2　展示台

- **目的**　让孩子从他人视角中看到自己的成长和变化，感受到他人对自己能力的反馈。
- **要点**　建立兴趣和生活的联系，让兴趣爱好有用武之地。
- **过程**　家长为孩子搭建展示兴趣和才能的舞台，定期设定某一天为孩子的展示时间，比如每周末或每月最后一天。可以邀请亲戚和朋友参加。孩子通过展示兴趣和才艺，筹集零花钱，请求他人帮助自己实现愿望等。

提示　参加兴趣班的目的在于发展孩子的兴趣、提升孩子的个人能力，家长要尽量尊重孩子的兴趣爱好。

 **成长茶吧**

你了解自己的孩子吗?

每到周末或假期,家长会带着孩子在各种兴趣班之间奔波。有些兴趣班是孩子自己喜欢的,也有很多兴趣班是家长帮助孩子选择的。家长在帮助孩子选择兴趣班时,所选的兴趣班最好能符合孩子的兴趣,因此家长需要知道孩子的兴趣爱好以及孩子的所思所想。

- 最(不)喜欢的学科是什么?
- 最(不)喜欢的老师是谁?
- 最要好(讨厌)的朋友是谁?
- 最尊敬(害怕)的人是谁?
- 最亲近的人是谁?
- 最崇拜的人是谁?
- 最喜欢的歌星(影星)是谁?
- 感兴趣(害怕)的动物、植物有哪些?
- (不)喜欢的运动项目有哪些?
- 最听谁的话?
- 最爱玩的游戏是什么?
- 最爱看的书是什么?
- 最自豪的事情是什么?
- 最擅长的事情是什么?
- 最向往的工作是什么?
- 最爱做的家务是什么?
- 最(不)爱吃的食物是什么?
- 最突出的优点(缺点)是什么?

- 最容易生气（高兴）的事情是什么？
- 最着迷的事情是什么？
- 最希望假期如何度过？
- 最喜欢的卡通人物是谁？
- 最喜欢的乐器是什么？
- 最喜欢（讨厌）的颜色是什么？
- 最常用的表达情绪的方法是什么？
- 喜欢从谁那里得到安慰？

家长和孩子交流，首先要了解孩子的想法和感受。很多家长自认为对孩子很了解，其实我们都高估了自己对孩子的认识。如果家长对于上面的问题不确定，可以找机会问问孩子这些具体情况。

孩子不讲卫生怎么办？

- 方法 1　让孩子养成良好的卫生习惯
- 方法 2　为卫生习惯增添乐趣

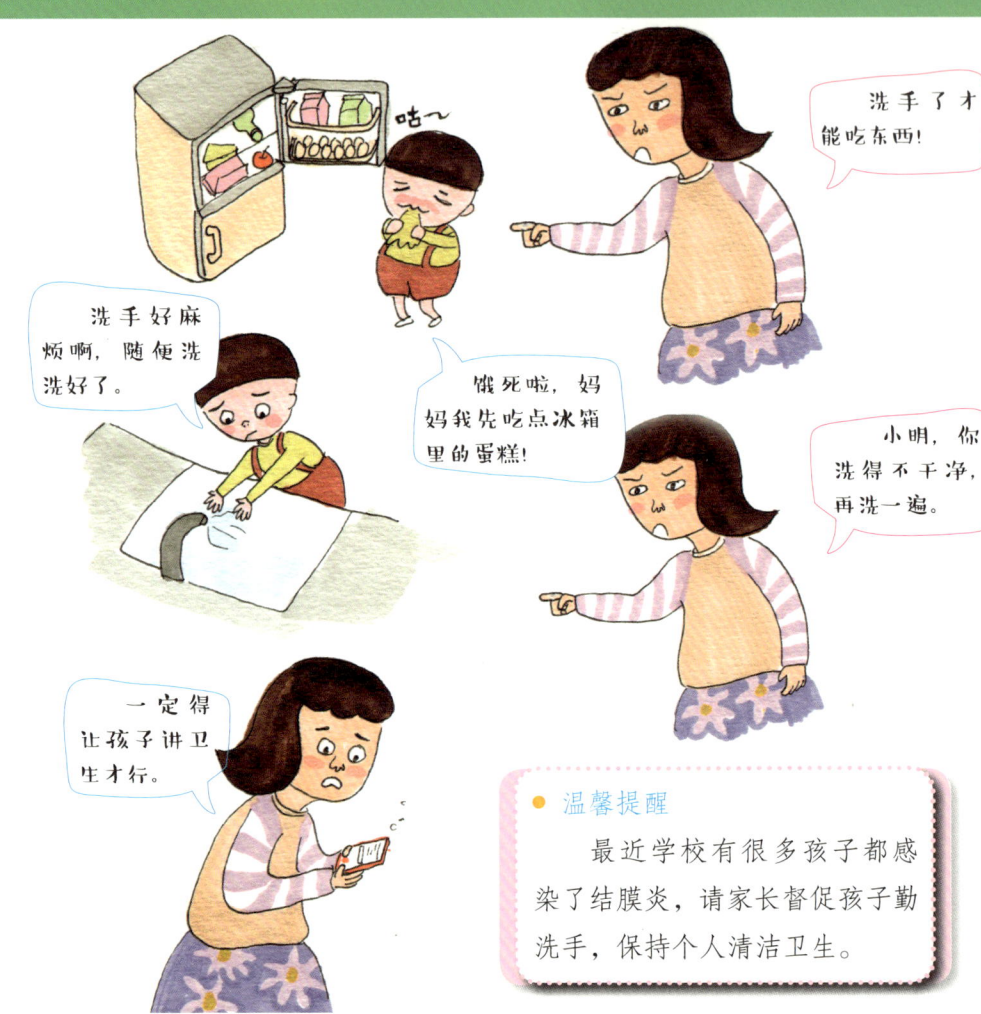

● 温馨提醒

　　最近学校有很多孩子都感染了结膜炎，请家长督促孩子勤洗手，保持个人清洁卫生。

　　孩子上学后，接触的世界一下子变得宽广起来。好奇的孩子面对未知的世界时，经常摸这摸那，他们在翻、爬、滚、抓的过程中，接触到不少细菌。如果孩子不讲卫生，就会增加病菌感染的风险。

由于人眼无法直观地看到细菌和病毒，很多孩子甚至成人都会忽视它们的存在。饭前、厕后、咳嗽、喷嚏、抱婴儿前、摸动物后、运动、医院出来、乘坐公共交通工具和使用公共物品后，都是需要洗手的。

儿童在小学时期主要的健康习惯除洗手外，还有保持口腔卫生。吃完食物、喝完果汁等甜味饮料、睡觉前都是口腔酸度比较高的时候，容易引发龋齿，需要通过刷牙清洁口腔。清洁牙缝可以选择使用牙线。当无法使用牙刷和牙线的时候，可以咀嚼含木糖醇的口香糖，或者用清水漱口。如果条件允许，最好定期带孩子看牙医。

习惯养成是大脑形成特定神经回路的过程，需要对某些行为给予奖励。无论是洗手还是刷牙，家长以身作则、亲自示范非常重要。如果孩子进行卫生健康行为时感受到乐趣，就会提升孩子坚持卫生健康行为的概率。比如卫生间整洁无异味，牙具和装洗手液容器的外壁印有带童趣的图案，将洗手和刷牙的过程想象成双手战斗或牙刷飞行等。

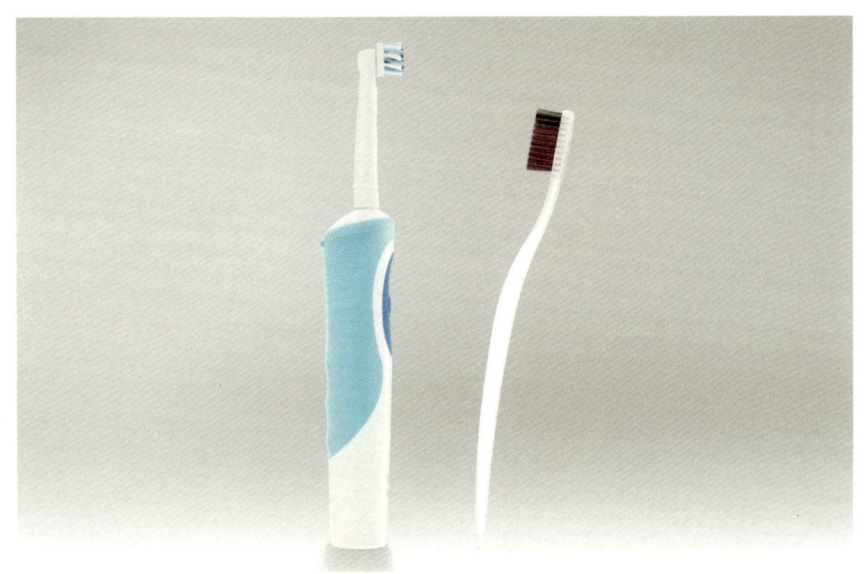

# 亲子活动

活动 1　贝式刷牙

- **目的**　让孩子养成良好的卫生习惯，学会正确刷牙。
- **要点**　牙刷倾斜 45 度，按照固定顺序，每颗牙每个面都要刷到。
- **过程**　食指到小指四个指头握住牙刷，大拇指按住刷柄，好像"点赞"手势。用牙刷包裹住牙面和牙龈，从左到右，从上到下，从里到外，每次两颗轻刷。可以用左手刷右边牙齿，右手刷左边牙齿。整个刷牙过程保持在三分钟左右。

> **提示**　选择刷头小、软毛、刷柄长度适中的儿童牙刷，也可选用电动牙刷。

活动 2　五步洗手

- **目的**　学会正确的洗手方法。
- **要点**　使用肥皂，清洗双手 20 秒。
- **过程**　将手腕、手掌和手指全部冲湿，用肥皂搓洗双手，用清水将双手彻底冲洗干净，捧水清洁水龙头后关闭水龙头，最后将手擦干。

> **提示**　手腕、手心、手背、手指、指尖和指甲等带有褶皱和弯曲的部位，都要使用肥皂反复搓洗。

第一步	湿	在水龙头下把手淋湿擦上肥皂或洗手液。
第二步	搓	双手揉搓起泡约 20 秒。
第三步	冲	用清水把手冲洗干净。
第四步	捧	用清水把水龙头冲洗干净，再关闭水龙头。
第五步	擦	用干净的毛巾或纸巾擦干。

 **成长茶吧**

预防龋齿的方法

龋齿俗称"虫牙""蛀牙",是常见的细菌性口腔疾病。我国儿童龋齿率高达60%至80%,治疗率不足3%。我国家庭对口腔卫生重视程度不够,很多儿童缺乏口腔卫生的习惯和相关的教育。家长要从小重视孩子的口腔卫生,预防龋齿。

1. 勤刷牙

研究发现,酸碱值5.5以下的食物在口腔停留5～10分钟,就开始对牙齿产生酸化脱钙作用。当牙齿的珐琅质慢慢酸化,一段时间后,牙齿表面会由光滑变成白片状,这是蛀牙前兆,如果不注意口腔清洁,一段时间后,牙齿就会蛀洞了。还有孩子睡前不刷牙,入睡后口腔唾液分泌减少、吞咽功能减弱,口腔的自洁、稀释、中和作用下降,食物发酵产生的乳酸存留在口腔中,环绕在牙齿周围,很容易发生龋齿。家长要督促孩子饭后刷牙,有时候条件限制,也可以用漱口取代。

2. 少甜食

现在的儿童喜欢吃零食,而很多零食都是高盐、高酸和高甜的食物,还有孩子特别爱喝带甜味的饮料,这些都易使口腔中的乳酸杆菌与甜食发酵产生乳酸,破坏牙齿结构引发龋病。美国公立学校已全面禁止糖果及含糖饮料进入校园,美国国会正在研究立法收取"汽水税"。

3. 多吃菜

很多蔬菜含有纤维素和木糖醇,一方面,长时间咀嚼能让膳食纤维带走口腔中的残渣和细菌;另一方面咀嚼胡萝卜、芹菜、苹果,能刺激口腔产生大量唾液,起到清洁牙齿的作用。

4. 常看医

如果发现儿童有牙齿易患龋齿,需及时进行窝沟封闭。窝沟封闭是在不损伤牙体组织情况下,将封闭材料涂于牙冠咬合面、颊舌面的窝沟点隙处,形成一层防护性的屏障，使牙齿上的窝沟点隙消失，外面的致龋细菌就不能再进入，从而达到预防蛀牙的目的。

5. 氟牙膏

从洁净牙齿的角度讲，只要含有氟化物的牙膏都可以起到洁净作用。近年来市场上出现的很多儿童专用牙膏，增加了很多色素和香精，让牙膏看起来更漂亮，刷牙时更香甜。选用这样的牙膏时，反倒需要关注这些色素和香精对孩子是否会产生不良影响。

孩子视力下降怎么办？

- 方法1　让孩子学习保护视力的方法
- 方法2　当孩子出现近视时，及时就医

阳阳学习一向很认真，成绩也不错，最近成绩却一直下滑。妈妈询问原因，阳阳才告诉妈妈，最近觉得老师写在黑板上的字，越来越模糊。听阳阳说看不清字，妈妈开始担心阳阳眼睛是否已经近视。

孩子上学后，很多时间都用于看书写字。长时间、近距离用眼，眼球的睫状体会一直保持收缩状态。睫状体持续收缩难以放松，远处的景物就会模糊不清，引发视力疲劳。孩子出现近视后，如果不及时进行调整，度数可能会快速上升，导致高度近视。

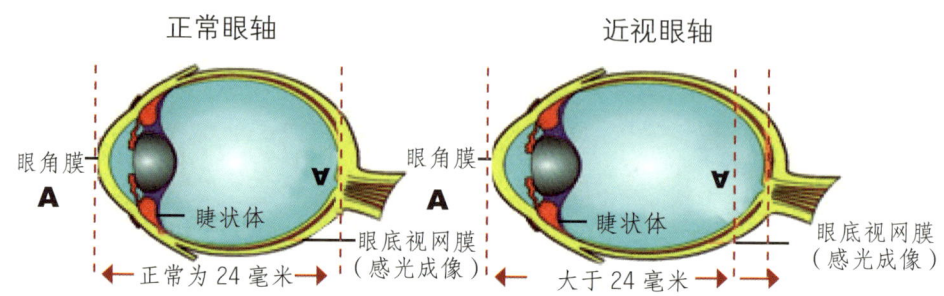

很多孩子可能模糊地意识到自己已经近视，却不愿将自己的视力情况告诉家长。家长平时需多关注孩子的表现，让孩子知道近视是一种普通的且需要及时进行矫正的疾病。当孩子有以下几点表现时，家长要及时带孩子去看眼科：

- 总是近距离看东西；
- 看东西时眯着眼或歪着头；
- 经常说看不清楚东西；
- 不喜欢专注用眼的活动。

营养、光线和运动是保护视力的三大要素。孩子要多吃深色蔬菜和红萝卜，补充视力发育所需的叶黄素，用眼时光线充足，使用手机和电脑不超过一个小时，每天至少两个小时的户外活动，定期进行眼科检查。此外，在日常生活中，家长还要帮助孩子养成良好的用眼习惯。孩子用眼四五十分钟后，确保休息十分钟左右，看看远处或闭目休息。同时，正确的坐姿也是保护视力的重要因素。

亲子活动

活动1 眼球远近调节训练

- **目的** 缓解睫状肌的紧张度，使晶状体曲度变薄。
- **要点** 眼睛在远景和近景之间来回移动。
- **过程**

> **提示** 以上动作可多次练习。

- 第1步，眼睛凝视约6米远的地方，停留30秒。
- 第2步，将右手手臂向前伸长，视线从远处慢慢收回，看向伸直的手指头。
- 第3步，手指头往鼻子方向慢慢移近，视线也随之慢慢移近。
- 第4步，将手指头，在靠近身体并且眼睛能够清楚对焦的地方停住，眼睛凝视手指5秒。

活动2 倒"8"练习

- **目的** 改善散光、斜视、轴性近视等视力问题。
- **要点** 头部固定，眼球不断转动。
- **过程** 用食指尖画倒"8"字形，以鼻子为中心，孩子双眼看着自己的食指尖移动，至熟练后再闭上双眼，反复训练。转动速度保持适中，每次练习30圈；感到疲累时暂停，或每转10圈就停一下，再转第20圈、第30圈。每日可以做3～5次，每次做60～100下。

> **提示** 闭眼或睁眼，坐或躺均可练习。

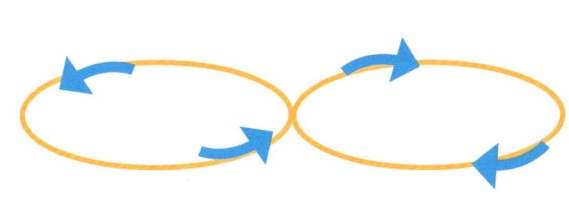

活动3 学会正确的坐姿

- **目的** 采用正确的坐姿。
- **要点** 耳朵与肩膀在同一条垂线上,两脚平放在地面。
- **过程** 自然坐在椅子上,重心落在坐骨上。抬头挺胸,肩部放松,肩胛骨向后打开。双膝双脚在身体正前方,平放在地面。上身和椅背中间可以加一个托垫,让上身微微后仰。

提示 可以拍一张孩子坐姿端正的照片,用以提醒坐姿。

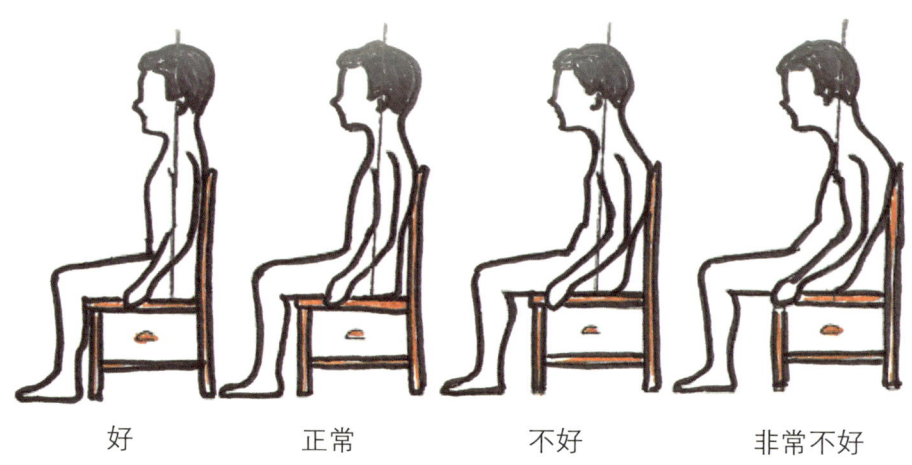

好　　　正常　　　不好　　　非常不好

 **成长茶吧**

从小养成护眼习惯

2014年全国学生体质健康监测结果显示,学生视力不良检出率继续上升,并出现低龄化倾向。2018年,教育部发布的我国首份《中国义务教育质量监测报告》,报告显示,我国学生视力不良问题突出,四年级、八年级学生视力不良检出率达36.5%和65.3%,其中八年级学生重度不良比例超过30%。世界卫生组织报告表明,我国青少年近视率高居世界第一,中国近视患者人数达6亿之多。

根据教育部《普通高等学校招生体检工作指导意见》,飞行技术、航海技术、消防工程、刑事科学技术、侦察、海洋船舶驾等专业都对视力有明确要求。如果青少年视力问题得不到及时、有效的控制,越来越多的孩子未来就无法学习相关专业、从事相关职业。

孩子视力不良最主要的原因是近距离用眼时间过长,包括课业负担过重、长时间玩游戏机、上网、看电视、使用手机等因素。调查发现,11.4%的小学生、38.9%的初中生、46.8%的高中生每日家庭作业时间在2小时以上,23.8%的中小学生每天看电视或使用电脑时间在1小时以上(3.5%的中小学生超过3小时)。调查显示,有近20.2%的中学生每天用于上网、看电视、玩游戏的时间近一个小时;在双休日,有14.8%的中学生"屏幕"时间超过120分钟。

与此同时,孩子体育锻炼时间和睡眠时间却在减少。调查发现,每天体育锻炼时间不足1小时的学生,视力不良率高于每天体育锻炼时间大于1小时的学生;每天睡眠时间大于10小时的学生,发生视力不良的情况少于每天睡眠不足6小时的学生。

我国著名眼科专家褚仁远教授认为,儿童患有近视的情况,几乎都是家长在得知孩子看不清黑板上的字后才发现的。从眼球的发育情况而言,儿童都是从远视眼逐渐向正视眼过渡的,如果眼球发育过度即成为近视眼。一般情况下,小孩子都是远视眼,有些近视也都是假性近视,而非真近视,可以不必去管,等他生长到一定时候就成为正视眼了。当然,如能发现小孩已存在近视眼易感现象,重点进行防控更有价值。

我国高度重视青少年视力问题,近期发布《综合防控儿童青少年近视实施方案(征求意见稿)》。方案明确了家庭、学校、医疗卫生机构等各方面责任,决定建立全国儿童青少年近视防控工作评议考核制度,并提出防控儿童青少年近视阶段性目标。目标具体如下:

2023年,力争实现全国儿童青少年总体近视率在2018年的基础上每年降低0.5个百分点以上,近视高发省份每年降低1个百分点以上。到2030年,实现全国儿童青少年新发近视率明显下降,儿童青少年视力健康整体水平显著提升,6岁儿童近视率控制在3%左右,小学生近视率下降到38%以下,初中生近视率下降到60%以下,高中生近视率下降到70%以下,国家学生体质健康标准达标优秀率达25%以上。

家长要给孩子充足的时间进行户外活动,增加孩子接受自然光照的时间,促进视网膜释放多巴胺,阻止眼轴拉长,保证眼球正常发育。如果感觉孩子出现视力问题,要注意以下几点:第一,儿童验光需散瞳,验光处方需检查眼位或调节;第二,配戴眼镜有技术要求,需验光后才能戴眼镜;第三,儿童近视防控主要是增加调节灵敏度和减少旁中心远视离焦;第四是不轻信高价或低价的近视防控产品,需到正规眼科医院就诊。

孩子沉迷网络怎么办？

- 方法 1　关注孩子的网络使用情况
- 方法 2　帮助孩子学会管理自己的生活和行为

最近妈妈发现明明沉迷于网络，一写完作业就去玩手机或者电脑。老师也打电话反映，明明和他的小伙伴多次在课间聚在一起玩手机。妈妈很害怕明明沉迷网络，影响学习和身心发展。

随着科技不断进步，互联网已经拓展为物联网，成为人类世界不可分割的部分。网络一方面为我们的学习和生活提供了极大便利，另一方面让很多人长时间沉迷在虚拟世界中。孩子面对网络诱惑，更容易深陷其中，若处理不当，孩子的学习和生活都会受到影响。

孩子容易沉迷网络，很大程度上是因为很多游戏和 App 为了吸引用户，会极力让用户在产品使用初期能够获得成就感，并将奖励随机化。这种设计会引发大脑分泌多巴胺，产生兴奋、依赖和上瘾的感受。如果现实生活中缺乏与其相抗衡的活动，孩子就会极易沉溺于游戏和网络。

手机、电脑等电子产品在信息社会谁都无法回避。重要的不是电子产品和电子屏幕的使用时间，而是用途。如果孩子用网络来帮助自己的学习和工作，将有助于他们的正常生活，这样家长就无须担心。如果孩子用玩手机、电脑取代自己的运动和社交活动，一旦停止玩手机、电脑，情绪就出现不安和焦躁，或者经常对家长掩饰其使用网络的行为和内容时，家长就需要关注孩子的网络使用情况了。

很多国家的家庭都觉得孩子使用智能手机时间过久，美国有家长发起"14岁前不用智能手机"的活动，有两千多户家庭积极响应。严格禁止孩子使用网络很难做到，重要的是帮助孩子学习管理自己的生活和行为，合理地利用网络。对于家长来说，家长要学会了解孩子，知道孩子在网络上具体做什么，为什么那么喜欢网络，家长要学会针对具体问题找具体解决办法。此外，家长要以身作则，只有在必要的时候，才长时间看手机、电脑，发挥手机、电脑以及网络的正向作用。

亲子活动

活动 1　手机禁区

- **目的**　限制手机使用的时间和场合。
- **要点**　用交流代替一个人低头玩手机。
- **过程**　家长和孩子一起商量,在哪些时间和场合,不能玩手机。制作一块禁止使用手机或网络的标牌,贴到墙上或摆在显眼地方。

> **提示**　建议餐桌吃饭时、卧室休息时、卫生间解手时、书桌学习时、车上聊天时、出门走路时,都设为手机禁区。

活动 2　网络使用记录单

- **目的**　管理网络使用行为。
- **要点**　关注孩子网络使用计划和行为的一致性。
- **过程**　家长和孩子一起探讨,手机、电脑和网络使用的目的、方式和时间,将讨论结果设计成一张家庭网络使用记录单。记录单一栏是自己一天网络使用计划,一栏是网络使用记录。然后对照计划和实际使用情况是否相符。

网络使用记录清单	
网络使用计划	网络使用记录

> **提示**　重要的是使用什么办法,能够让孩子按照计划使用网络。比如对于手机来说,可以给手机设定放置地点,不需要使用时和使用后都需放回。

 **成长茶吧**

预防青少年沉迷网络

互联网将人类带入精彩纷呈的数字时代,青少年成为网民最大的群体,很多青少年存在网络沉迷的问题。国际上判定网络沉迷主要依据以下几点:网络成为生活的中心;需要不断增加网络使用的时间;不能成功减少、控制、停止使用网络;减少或停止使用网络后,会导致无聊、抑郁、气愤等情绪;在线时间超出预期计划;重要的人际关系、工作、学习、职业机遇遭到破坏;向别人撒谎自己网络的卷入程度;使用网络逃避现实。

根据以上表现,家长可以通过下面的项目,了解孩子是否存在网络沉迷问题:

- 一回家或一有空就用手机(计算机)上网。
- 不能上网时会表现出不安或愤怒情绪。
- 上网时间越来越长,入睡时间越来越晚,难以放下手机。
- 越来越不想和同学出去玩,和朋友联系越来越少,关系变得疏远。
- 上课或平日的精神变差,身体状况也不好。
- 考试成绩明显下降,作业完成率下降,上课状态差。

网络对孩子具有吸引力,一是因为网络可以带来轻松和愉悦的等心理感受,二是网络可以让孩子逃离现实的压力和痛苦。如果孩子在现实生活中遭遇学习、人际、家庭等方面压力得不到及时化解,就会躲进虚拟世界中。家长要重视孩子的表现,对孩子现实生活中存在的问题进行及时识别与解决,必要时可以寻求心理咨询等专业帮助。

另外,如果学习占据孩子大部分生活,成为生活仅有内容,也会促成孩子网络沉迷。初中学生使用网络主要玩游戏,而高中学生使用网络则侧重社交活动。家长应通过亲子陪伴或合理安排,让孩子学习之余接触到丰富多彩的现实生活。家长也要注意别在孩子面前做"低头族",要做好表率。

教育部办公厅为此印发《关于做好预防中小学生沉迷网络教育引导工作的紧急通知》,同时建议家长做好"教育引导、以身作则、注重陪伴、疏导心理、配合学校"。具体包括:

- 学校与家庭应通过沟通达成共识,共同制订适合的教育措施。
- 一般情况下,小学生没必要配备手机。
- 如果学校有电话和计算机房,教学过程中也没有使用手机的要求,中学生可以不必把手机带到学校,若带到学校,应服从学校的管理。
- 当孩子在学习和生活中表现出一定的自我约束能力时,再给孩子配备数码产品;家长应与孩子达成约定,帮助孩子学会自我克制,严格控制手机使用的时间和功用。
- 对于小学生使用手机和电脑上网查询资料,教师和家长应加强过程中的即时监督与指导。
- 如果孩子对数码产品的使用已经过度,可以暂时没收。
- 没收手机时,家长要保持平和心态,提前告知以便孩子在上交产品前完成与网友的对话、删除个人隐私等内容。
- 可以允许孩子为上交的产品上锁,以消除孩子担心秘密泄露的不安心理。
- 说明何时、何种条件下归还产品。
- 帮助孩子深入了解网络的学习和成长功能。

3 领导力 Leadership

孩子不顾他人感受怎么办？

- 方法 1　鼓励孩子说出自己的想法和感受
- 方法 2　让孩子学会体会他人的想法和感受

小怡是班干部，她喜欢和同伴一起玩。但由于她总以自己为中心，忽视他人的想法和感受，引起同学的不满。父母和老师，希望小怡在和同学交往中能够换位思考，顾及到他人感受。

我们将体察他人想法和感受，能够与他人感同身受的心理品质称为**共情**。未来社会关注人与人之间的合作与沟通，共情是良好人际交往的核心要素。

在亲子对话中，家长可多采用共情式倾听，主要表现为：

- 重复孩子的话，确认自己是否听清
- 重述孩子的话，确认自己是否理解
- 聚焦孩子的内心世界，多谈感觉和情绪
- 关注孩子的身体语言，用抚触表示安慰

家长要时刻关注孩子的内心，在解决具体问题之前，试着鼓励孩子说出自己的想法和感受。当孩子觉察到来自家长的理解和支持时，就能安全地表达自己，并能敏锐地感知到他人的想法和感受。

换位思考是共情的重要体现，但是仅仅对孩子提出换位思考的要求，并不能培养孩子的共情能力。家长可以有意识地和孩子一起，通过没有压力的游戏和假想等活动方式，让孩子学会体会他人的想法和感受。

亲子活动

活动1　猜猜看

- **目的**　通过语言、表情和动作等线索,体会他人的想法和感受。
- **要点**　事件、想法和感受要具有关联性。
- **过程**　在卡片的一面,写有孩子日常的生活事件,比如"我好饿""我想睡觉""我喜欢这本书""我要吃冰淇淋"等。一个人随意抽取一张牌,有字的一面向外,放在自己的额头。另一个人根据卡牌的文字,做出语言、表情和动作的提示,请额头上贴卡片的人猜猜发生了什么事情。

> **提示**　可以分为只用语言、只用表情和只做动作等难度等级,也可以三种提示变换组合。

活动2　时空穿越

- **目的**　帮助孩子站在他人视角看问题。
- **要点**　挑选孩子熟悉的故事和场景。
- **过程**　家长和孩子一起选一个熟悉的童话故事,然后请孩子说说看,如果故事中的人物穿越到现代来上学,那么他会如何度过学校中的一天。

> **提示**　在讲述中加一些笑料,让孩子觉得有趣。

活动3　哪里来

- **目的**　理解自己和他人之间的密切关系。
- **要点**　想象一个事物和其他事物的联系。
- **过程**　家长随意说一个身边的物品,比如铅笔,然后问孩子:铅笔哪里来?孩子回答:铅笔从商店买来。家长继续问:商店的铅笔哪里来?孩子回答:商店的铅笔从工厂来。对话一直追踪到物品的最初来源。

> **提示**　很多过程可以继续细化,比如铅笔从商店来,需要妈妈骑车去买;回来的路上需要警察维护交通秩序,等等。

孩子不顾他人感受怎么办?

家长应学会与孩子沟通

在日常生活中,家长恰当地回应孩子的感受,可以培养孩子的共情能力。法伯·玛兹丽施在《如何说孩子才会听,怎么听孩子才肯说》一书中给家长提出了几个表示理解孩子的回应方式,家长可以试着做做看:

1. 孩子:医生从我指头上拔出那根刺的时候,差点要了我的命。

家长
- (1) 不可能有那么严重。
- (2) 听上去好像真的很疼。
- (3) 他那样做是为了你好。

2. 孩子:就因为一场小雪,教练就取消了我们重要的比赛。

家长
- (1) 你一定很失望。你们都盼望比赛,现在却只能等待了。
- (2) 不要因此而失落。你们有的是比赛机会。
- (3) 教练做的对。有时候小雪可能会转成大雪。

3. 孩子正在玩你新买的珍珠项链。

家长
- (1) 我跟你讲过多少次了,不要动我的首饰!这么不听话。
- (2) 不要玩妈妈的项链,小心弄坏了。
- (3) 你很喜欢这个项链,不过它们很容易弄断。你可以玩这些木头串珠或围巾。

参考答案:1.(2);2.(1);3.(3);4.(1);5.(3);6.(2);7.(3);8.(3)。

4. 孩子：我不喜欢蜘蛛。

家长
- （1）哦。
- （2）为什么不喜欢？它们也是大自然的一部分。
- （3）我也不喜欢。

5. 孩子（看起来很焦虑）：我明天要数学期末考试了。

家长
- （1）放轻松。我相信你能考好。
- （2）你要是多花点时间学习的话，现在就不用这么发愁了。
- （3）你听上去很发愁啊，我想你一定希望考试能够顺利通过。

6. 孩子用手抓面吃。

家长
- （1）你的用餐习惯真恶心。
- （2）我知道用手吃饭感觉一定很棒。但全家人一起吃饭的时候，我希望你能够用筷子。
- （3）我简直不敢相信，你这么大了竟然还在用手抓东西吃。

7. 孩子：一个朋友想带我参加生日聚会。这个朋友人特别好，但是我还不确定要不要去。

家长
- （1）哦，去吧。你会玩得很开心。
- （2）去还是不去，自己做决定吧。
- （3）听上去你对于要不要去参加聚会，有些拿不定主意。

8. 孩子：我要离家出走。

家长
- （1）哦，我帮你打包行李。
- （2）别犯傻了，我不想听你说这样的话。
- （3）听起来你很不开心。我想你希望过不一样的生活。

孩子感觉孤单怎么办？

- 方法1　关注孩子的行为表现
- 方法2　帮助孩子形成合群的心理品质

开学有一段时间了，很多同学都交到了朋友，大家经常聚在一起玩游戏。可是明明却依旧独来独往，一人玩耍。父母特别希望孩子在学校里能有好的人际关系，希望能帮助孩子变得合群一些，却又不知道该怎么办。

在儿童人格和社会性发展中，孩子对同伴关系的需要，就如身体需要水和氧气一样重要。良好的同伴关系是孩子在今后社会生活中取得成功的关键，家长要从小培养孩子合群的心理品质。

合群与否在不同孩子身上，表现也往往不同：

孩子不合群的表现

- 过于坚持自己的想法，不允许他人有不同意见，会与同伴发生冲突。
- 缺乏主见，会为维护关系，采用语言和财物等方式，讨好顺从他人。
- 在他人面前容易退缩，不会主动说出想法和要求。
- 以自我为中心，不会妥善协调个人和团队的关系。

孩子合群的表现

- 懂得如何与他人建立良好关系，能够多视角地认识自己。
- 发挥优势和特长，得到同伴的认可和支持，从中获得归属感和安全感。
- 能减少对父母的过度依赖，与同伴和谐相处。
- 遵守交往规则，通过协作互助，增强社会责任感。

家长要密切地关注孩子在校的行为表现，对于不合群的孩子，家长要努力帮助他们形成合群的心理品质。由于人际交往是一个互动过程，孩子可以学习主动表达友好，而在各种主动表示友好的方式中，微笑是开启友谊大门的金钥匙，人们喜欢和经常微笑的人在一起。家长可以和孩子一起学习，用微笑主动表达友好。此外，培养孩子的幽默感也能让孩子较快地融入到群体中。

亲子活动

提示 可以在游戏前，活动脸部肌肉，让微笑变得更加自然。

活动1 照镜子

- **目的** 学习主动微笑。
- **要点** 感受脸部肌肉在微笑过程中的变化。
- **过程** 家长做一个表情，孩子模仿看到的表情。家长做表情时，微笑和其他表情交替出现。比如：微笑—惊奇—微笑—委屈—微笑—生气—微笑。

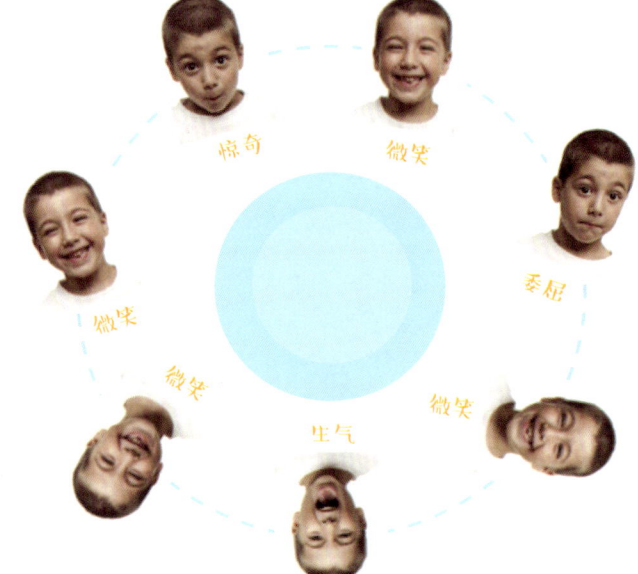

家长微笑，孩子模仿正确，相互拥抱一下；家长做出其他表情，孩子模仿正确，相互击掌一次。模仿中出现四五次微笑后，亲子互换角色，孩子做表情，家长模仿。还可以一起说说看，微笑时的想法和感受。

活动2 我说你笑

- **目的** 培养孩子的幽默感，对引发微笑的线索保持敏感性。
- **要点** 找到微笑的合适时机。
- **过程** 家长说一段话，其中包含一些幽默的事情和孩子喜欢的事物。孩子闭眼听，当感觉好笑或听到喜欢的事物时，面露微笑，拥抱家长一下。家长对孩子的微笑和拥抱给予回应。

提示 家长可以通过这个游戏，了解孩子的喜好。

成长茶吧

建构孩子的社会支持系统

我们生活在社会系统中，拥有社会支持系统是每个人能够抵抗压力和挫折的重要心理资源。社会支持是来自家庭、亲友、同伴和社会各方面的心理与物质帮助，这种支持包括支持者对现实问题的化解，比如心情不好时得到安慰、内心忐忑时告知秘密、遇到困难时可以求助；也包括个体在学校、班级和家庭获得认同、受到尊重等情感支持，比如能让其感到自信、骄傲、有价值和有依靠等。良好的社会支持可以减轻、减缓孩子的心理压力和应激反应，对孩子的身心健康具有保护作用。

已有研究发现，拥有较多社会支持的个体具有较高的身心健康水平。社会支持可以从支持来源与支持质量进行评估。通过对孩子人际支持的调查发现，家庭和家长对学生人际支持的作用较大，但父亲支持力度相对较弱，甚至排在同学和同伴之后；学校老师对学生提供直接人际支持方面并无绝对优势；同学、朋友、手足等同龄伙伴的支持影响巨大。很多孩子缺乏人际支持，他们不愿将内心的秘密告诉别人。这反映了不同孩子的有效调动社会网络、充分利用他人支持能力的差异。

社会支持通过提高个体对生活事件的应对能力和适应性，增强孩子对打击的耐受能力和抵抗能力。为孩子提供多类型、多层次的社会支持，对于保障孩子身心健康具有重要的作用。为此，家长要学会刻意建构孩子的社会支持系统。

首先，加强家庭的影响力。家庭理应成为孩子赖以生存、得到最多人际支持的小环境，父母、祖辈和亲戚应当成为孩子最亲密的人，给予孩子最多帮助的人。随着孩子年龄的增长，孩子的重要他人会转移到老师和朋友身上，但父母依然在孩子的人际支持体系中占有重要的位置。尤其是父亲，对孩子的成长作用巨大，家庭中要避免父亲缺位的状况，在日常生活中父亲要重视孩子的需求，在家庭中给予孩子更多的人际支持。

其次，关注教师的影响力。在小学生心目中，老师具有较强的权威性，老师对孩子有着重要的影响。现在班级学生数量众多，老师的重心更多地放在群体教育上，老师可以帮助家长明确孩子在群体中的位置的同时，也会帮助家长满足孩子的个性化需求。家长要主动向教师询问孩子的在校表现、在教育孩子的理念与方法上向教师请教。

　　再次，选择同伴的影响力。同龄伙伴是孩子重要的人际支持来源，中学生最愿意和同学在一起、心中的秘密最愿意告诉同学、遇到困难最愿意向同学求助。孩子心情不好时，最能得到的安慰来自同学，空闲时间在一起的时间最久的是同学。家长要为孩子选择一个良好的朋友圈，主动为他们的沟通交流、互帮互助创造条件、提供保障，发挥群体的积极作用。同时，要关注孩子的交友情况，避免孩子进入不良群体。

　　家长是孩子社会支持系统的重要部分，我们要从系统建构的视角，为孩子的健康成长营造良好的环境。

孩子待人不友好怎么办？

- 方法 1　培养孩子的他人视角
- 方法 2　帮助孩子学习协商技巧

丽丽平时的学习很好，可是在对待同学方面却并不怎么友好，有时因为一些小事而对经常相处的同伴会说出一些伤害性的话，甚至还和同学吵架，很多同学都不愿意和她做朋友。老师希望她能够有更多的伙伴，父母也担心丽丽交不到朋友。

一般来说，人际互动方式分为顺从讨好型、对抗攻击型和退缩回避型三种方式。丽丽习惯性地待人不友好，在人际交往中常常使用**对抗攻击型**的互动方式。孩子之所以形成一些适应不良的人际关系模式，其原因可能是和成长过程中需求未被满足有关系。这些孩子，可能做事理所当然地从自己的立场和观点出发，无法站在他人的角度认识和理解事物，这让他们的人际交往常常陷入僵持的局面。

人际互动方式	互动特征
• 顺从讨好型	• 为得到赞许或避免争执，表现乖巧，取悦他人
• 对抗攻击型	• 通过掌控、争夺和威胁，获得安全感和满足感
• 退缩回避型	• 为避免遭到拒绝或冷落，表现出不需要他人

在日常生活中，人与人之间难免出现利益冲突，这时人们彼此协商解决问题的能力尤其重要。我们可以通过协商，调和彼此的需求和利益，让双方都获得满足。这种协商需要找到彼此一致的地方，各自给出恰当的理由，在需要的时候做出退让。

家长要对孩子的情绪保持敏感性，学会接纳孩子的情绪，并对孩子的情绪进行积极回应。家长要帮助孩子学习恰当的情绪表达方式，以及与人交流协商的能力，让孩子学会站在他人的角度认识和理解事物。

亲子活动

活动 1　找相同
- **目的**　通过建构意义，找到不同事物之间的相似之处。
- **要点**　突破表面的冲突，从不同角度思考。
- **过程**　准备一些卡片，写上各类事物，比如白云、潜水艇、煤炭、印章等。家长和孩子每人分一些，然后各自拿出一张卡片，说说两张卡片上的事物有何相同之处。谁先说出，卡片便归谁，直到赢得全部卡片为止。

> **提示**　家长可以从性质、功能、来源等层面，引导孩子寻找事物之间的相同之处，而不要仅仅停留在颜色、形状和大小等表面特征。

活动 2　行不行
- **目的**　培养孩子站在不同的角度考虑问题的能力。
- **要点**　找到恰当的理由。
- **过程**　准备一些卡片，在卡片上写出各种孩子日常会提出的要求，比如"吃冰淇淋""上厕所""买玩具"等。家长和孩子先掷色子，单数为"行"，双数为"不行"。确定行不行的角色后，从卡牌中随意抽取一张，各自说出"行"和"不行"的理由，谁的理由多，卡片便归谁，直到赢得全部卡片为止。

> **提示**　最佳的理由是同时考虑双方的意见。

在过程中，家长可以示范，无论行不行，都给出在其他情况下满足对方的条件。比如"吃冰淇淋"，家长抽到说"不行"，理由可以是"完成作业就可以吃"，也可以是"换成水果就可以吃"，等等。

活动3 感恩日记

- **目的** 帮助孩子关注人际交往的积极面。
- **要点** 每天坚持,逐渐形成思维方式。
- **过程** 每天睡前或饭后比较放松的时候,家长和孩子一起讨论,今天学校帮助过自己的人,比如同学帮忙分发午餐、帮忙收集作业、帮忙讲解习题、帮忙开门等。可以鼓励孩子多用"感谢……,帮我……"的句式表达。

> **提示** 感谢别人的同时,也会让自己感觉愉悦。维持正常生活的种种努力,人们往往看不到或习以为常,因此感谢的事情可以非常微小或者不显眼,比如维持水、电、三餐、卫生、上下学等。家长可以帮助孩子关注这些生活中的细微之处。

成长茶吧

爱的能力

孩子上学后，拥有的亲密朋友数量不会太多，往往不超过三五个。良好的人际关系对孩子意义重大，家长要从小培养孩子爱的能力。在积极心理学中，具有爱的能力的孩子，具有仁慈、慷慨、感恩等心理品质。家长可以对照题目，根据自己孩子符合的情况，判断孩子有哪些积极的人际品质。

1. 仁慈与慷慨

具有这类积极品质的孩子，当有人找他们帮忙时，会全力提供帮助。他们喜欢帮助别人，即使是不太熟悉的朋友。这样的孩子凡事先替他人着想，有时会将自己的利益放在一边。

A．上个月我曾主动去帮助邻居：

非常不符合　不符合　不知道　符合　非常符合

B．我对别人的好运不像对我自己的好运那样激动：

非常不符合　不符合　不知道　符合　非常符合

2. 爱与被爱

具有这类积极品质的孩子，非常珍惜自己与别人的亲密关系。

A．在我的生活中，有很多人关心我的感觉和幸福，就像关心他们自己一样。

非常不符合　不符合　不知道　符合　非常符合

B．我不太习惯接受别人对我的爱。

非常不符合　不符合　不知道　符合　非常符合

3. 感恩

懂得感恩的人从不认为自己本该如此幸运，他们会向别人表达感谢。感恩行为是对别人优秀的道德情操表示感谢，作为一种情绪，它是对生命的感谢和欣赏。具有这种积极品质的孩子，能够将感恩的心理拓展到任何好人和好事上。

A．即使别人帮我做了很小的事情，我也会说谢谢。

非常不符合　不符合　不知道　符合　非常符合

B．我常常停下来想，自己有多么幸运。

非常不符合　不符合　不知道　符合　非常符合

4. 宽恕与慈悲

慈悲的人会原谅那些曾对不起他们的人，他们会给别人第二次机会。具有这样积极品质的孩子，会将原谅别人变成自己的行动动力。

A．过去的事我都让他过去。

非常不符合　不符合　不知道　符合　非常符合

B．我能原谅别人的过错。

非常不符合　不符合　不知道　符合　非常符合

5. 幽默

幽默的孩子自己喜欢笑，还喜欢说笑话给别人带来快乐和欢笑。他们总是看到事物光明的一面，在困难面前保持积极乐观的态度。

A．大多数孩子会说，和我在一起非常有趣。

非常不符合　不符合　不知道　符合　非常符合

B．当我的朋友心情不好的时候，我会说些笑话让他们开心起来。

非常不符合　不符合　不知道　符合　非常符合

参考答案　1. A 符合　B 不符合　2. A 符合　B 不符合　3. A 符合　B 不符合　4. A 符合　B 不符合　5. A 符合　B 不符合

传统文化用很多形式在传递着这些积极的心理品质，包括礼仪、榜样、寓言、格言、童话、传说等。家长要利用好这些文化传统的资源，让孩子成为可靠、诚实、亲和、幽默、风趣的受人欢迎的人。

孩子不敢表达想法怎么办？

- 方法 1　帮助孩子练习表达技巧
- 方法 2　让孩子敢于说错话

强强总担心自己的想法不够好，在课堂上很少举手回答问题，小组讨论中也不敢主动地表达自己的想法。妈妈担心强强这种情况会影响到他的人际交往和学习，希望他能表现得积极勇敢一些。

积极表达自己的想法是人际交往和解决问题的基本能力。主动表达自己的想法需要具备展示自己的勇气和一些表达技巧。如果孩子能够表达自己的想法，并得到积极反馈，那么通过一次次锻炼，孩子就会反复磨炼自己的表达技巧，更加敢于表达想法。如果孩子怯于表达，可能无法坚持自己的想法，不会主动争取自己的权益，甚至不会拒绝别人。

一些孩子不敢表达自己的想法，与父母的教育方式有一定的关系。一些父母要求完美，孩子害怕想法不被认可，不敢表达；一些父母经常批评孩子，孩子害怕说错话被批评，不敢表达；还有些父母给孩子过多的负面评价，使孩子缺乏自我认同感，没有信心表达。

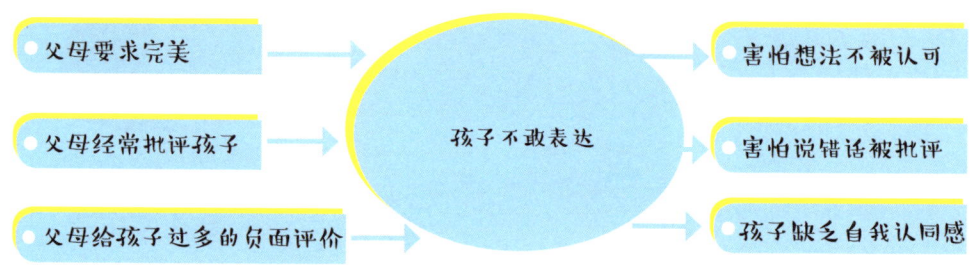

大多数的人并不能做到"想好再说"，而是边说边想，不断在说话过程中修正和完善自己的想法和语言。家长不必要求孩子有十足的把握才张口说话，要让孩子形成从错误中学习的意识。具体的表达技巧可以通过训练提升，家长可以为孩子创造表达想法的机会，设置由易到难的练习，帮助孩子学习表达技巧。

亲子活动

活动 1　传声筒

- **目的**　培养孩子倾听、理解和表达的语言能力。
- **要点**　听到不理解的地方，要鼓励孩子提问确认。
- **过程**　一位家长请孩子告知另一位家长一件事情。家长说完后，可以请孩子先复述，再去转述。事情最好有明确的时间、地点、人物和具体细节。比如爸爸请孩子转告妈妈，今天晚上在某某饭店和某某人吃饭，几点回家等。

> **提示**　开始时，要求孩子转达的话要简单一点，当孩子学会正确转达后，再慢慢提高难度。

活动 2　出错故事会

- **目的**　帮助孩子从错误中学习。
- **要点**　强调从错误中获得的启发。
- **过程**　家长和孩子轮流讲述自己亲身经历的故事，其中包含一个自己犯的错误。故事结束后，要着重讲述自己从故事中获得的启发。

> **提示**　有时候也可以讲述他人的故事，最好是孩子比较熟悉的或者喜欢的人物。

活动 3　手势暗语

- **目的**　帮助孩子表达自己的想法。
- **要点**　家长和孩子对手势的含义达成共识。
- **过程**　家长和孩子一起设计一些手势或身体语言，在日常生活中和口头表达中穿插使用。在孩子不想说话的时候，可以采用手势暗语，家长要理解孩子的意思，尊重孩子的意愿。

> **提示**　可以从最简单的点头、摇头、稍等、安静等手势开始。

培养孩子的成长型思维

通过对成功数十年的研究,美国斯坦福大学心理学家罗尔·德韦克认为,我们获得的成功,并不是能力和天赋决定的,更会受到我们在追求目标的过程中,展现的思维模式的影响。德韦克调查了商业和企业中的成功人士,发现面对失败时人们会有不同的想法和表现,正是这种想法和表现的不同,决定了一部分人能够走向成功。

德韦克提出四个问题:

- 1.你的智力属于你比较基本的特质,很难做出很大改变。
- 2.你可以学习新事物,但你的智力水平是无法改变的。
- 3.无论你的智力水平怎么样,你总是可以大幅度地改变它。
- 4.你什么时候都可以对你的智力水平做出根本性的改变。

如果一个人相信自己的才能是一成不变的,就像问题1和2描述的那样,他就具有固定型思维模式;而当一个人认为自己可以通过努力、付出获得成功,就像问题3和4描述的,他就具有成长型思维。具有成长型思维模式的人,更可能在自己的领域取得长久的成功。

成长型思维的人会迎接挑战,面对挫折坚持不懈,认为熟能生巧,能从批评中学习,从他人的成功中学到新知,获得灵感。而固定型思维的人则避免挑战,遇到阻碍时会自我保护或轻易放弃,认为努力是不会有结果的或者会带来更坏的结果,忽视有用的负面反馈信息,感到他人的成功对自己是一种威胁。

成长型思维建立在脑科学研究成果之上,近期的研究表明,人们的大脑神经具有可塑性,人的大脑一生都在变化之中,造成这种变化最强烈的力量是学习。具有成长型思维的人能够通过学习主动改变大脑,获得发展和成长。

为了塑造成长型思维，我们要接纳和拥抱自己的固定型思维，观察诱发思维模式的情境和刺激，给固定型思维起个名字，然后耐心地改变思维模式。这个研究提醒家长，要时刻关注自己的思维模式，并用成长型思维影响自己的孩子。

首先，要教给孩子一些脑科学。比如大脑是由神经元组成的，学习是神经元的联结；大脑像海绵，可以吸收很多知识；大脑像肌肉一样，越用越厉害；当我们认真学习时，神经元彼此之间特别容易生成联结；学习的重点不在于最终的成绩，而是在于对大脑细胞的锻炼。这些基本的知识能够让孩子了解自己的学习过程，具备形成成长型思维的基础。

其次，要正确评价孩子。我们要尽量避免用固定型思维的话语评价孩子，比如：真聪明、你表现得很棒、你总能取得好成绩、你的表现真让我开心等。我们要多用成长型思维的话语评价孩子，比如：我看到你很努力、你这次学习很投入、再多花些时间、你会有更大的收获、你该为自己的付出而骄傲等。我们可以通过各种海报或卡片，将成长型思维的话语贴在家里和孩子的书房，让成长型思维成为家庭文化的一部分。

德韦克认为，家长不该溺爱孩子，不让他们面对挑战、错误和努力奋斗。相反，家长应该教孩子热爱挑战。家长应该说这样的话："这么难，多么有趣""这个太容易了，没有意思"等。同时家长应该教育孩子拥抱错误："哦，这是个有意思的错误。我们下次应该怎么做呢？"家长还应该教孩子重视勤奋和努力，比如："这样地努力和奋斗感觉很棒，你真的坚持做了而且有很大进步""这需要付出很多努力，这会很有趣"等。

我们每个人都应该学习成长型思维，这需要时间和实践。但当你看到这些努力在孩子身上产生影响后，所有的付出都是值得的。

孩子总是告状怎么办？

- 方法 1　了解孩子告状背后的目的和需求
- 方法 2　让孩子学会寻找解决问题的办法

明明特别在意同学的表现，当班上有人违反纪律或表现不好的时候，明明就会跑去告诉老师。刚开始老师还会认真回应，可是随着明明频繁地告状，老师的回应也渐渐不那么积极了，这让明明感到很失落。妈妈知道明明的情况后，担心他处理不好同学之间的关系。

学校的人际关系包括师生关系和同伴关系，维护同伴关系是孩子在学校经常遇到的挑战。小学低段的孩子，有时候会相互说闲话，有时候还向老师告状。他们或者希望通过告状，引起老师的关注；或者是同伴之间出现问题，缺乏问题解决的方法和能力；或者是希望通过批评别人，获得老师的认可和信任；还可能是想要获得公平的对待。

家长首先要通过孩子的语言，探询告状背后的目的和需求，帮助孩子从告状和抱怨，转变为学会解决问题。

家长经常说，遇到事情解决不了，就要找老师。告状也是孩子自我保护的一种方式。当孩子向老师告状后，家长首先要安抚孩子不安和委屈的情绪，然后可以问问孩子，希望老师如何回应。这样做一方面可以确认，孩子是否想要获得老师的关注和表扬；另一方面也可以帮助孩子思考解决问题的办法。

亲子活动

活动 1 告状单

- **目的** 将告状行为停留在纸面上，留给孩子思考的时间。
- **要点** 用纸笔记录的方式，取代口头告状行为。
- **过程** 给孩子准备一个小本子，当孩子觉得哪个同学表现不好，想要向老师告状时，先记录下来。放学后如果觉得没有必要，那么就单纯记录。如果觉得有必要，集中在一起告诉老师。

提示 家长可以问问孩子每天的记录和告知老师的情况。

活动 2 交流时间

- **目的** 帮助孩子从正面看待问题，学习解决问题的方法。
- **要点** 引导孩子面对问题，积极寻找办法。
- **过程** 当孩子完成"告状单"后，家长可以请孩子在每个想要告诉老师的情况后面，写两项内容。一是"我希望他如何做"，二是"我可以如何帮助他"。

提示 家长在日常生活中要避免直接批评孩子，尽量将"不要这么做"换作"我希望你那样做"，给孩子一个良好的示范。

成长茶吧

学习欣赏孩子

很多老师和家长都曾遇到孩子抱怨的情况。古人说:"人生不如意事十之八九。"不论身体残疾,还是命运坎坷,遭遇"不如意事",人们难免会有各种抱怨。适度抱怨可以帮助我们宣泄情绪、减轻压力、表达诉求,多数人的抱怨形成共鸣,还可能成为社会变革的力量。然而,如果一味地在喋喋不休的抱怨中,反复强调生活琐事和个人苦痛,表现出自怨自艾、垂头丧气,或是乱发脾气、迁怒他人,就会让我们的生活笼罩在乌云之下。

消极的抱怨对于改变我们的状况毫无意义。美国作家威尔·鲍温在《不抱怨的世界》中说:"抱怨是在讲述你不要的东西,而不是你要的东西。"家长要教会孩子欣赏自己和他人,努力追寻我们想要的东西。我们可以从看到孩子的优点,表达自己对孩子的欣赏开始。

这里有一些欣赏孩子的语句,供家长参考:

- 看到你跳舞(弹琴、下棋)这么开心,我也很高兴。
- 我觉得你很喜欢写作文(做数学题、表演英语剧)。
- 你这么做一定有自己的理由,能不能说说看?
- 你对自己的这次考试成绩满意吗?
- 你觉得自己在语文(数学、科学)上有进步吗?
- 我觉得你对自己能够完成任务很有信心。
- 看到你坚持完成每一道题目,我感到很开心。
- 我看到你尽自己的努力完成了这次任务。
- 我觉得你在编程(画画、舞蹈)上很有潜力。
- 感谢你在我们忙的时候,帮忙带弟弟(妹妹)。

- 我喜欢你用工整的字写作业。
- 我感觉你的语言表达比以前进步很多。
- 我知道坚持学习几何（科学、书法）是件不容易的事情。

  家长对孩子欣赏的话语，会成为孩子成长的动力，而那些针对问题的抱怨就会成为改变的力量。就像英国威斯特敏斯特大教堂无名氏墓碑上镌刻的话一样："如果一开始我仅仅去改变我自己，然后作为一个榜样，我可能改变我的家庭；在家人的帮助和鼓励下，我可能为国家做一些事情。然后谁知道呢？我甚至可能改变这个世界。"

孩子有了外号怎么办?

- 方法 1　帮助孩子理解人际互动的过程
- 方法 2　帮助孩子学习用恰当的方式表达消极情绪

强强妈妈最近发现强强总是找各种理由不愿去学校,反复询问才知道,班上的同学给强强取了"光头强"的外号,强强不喜欢被同学嘲笑的感受,也就抵触上学了。强强妈妈很着急,不知道该怎样帮助孩子。

孩子进入学校一段时间后，与同学逐渐熟悉起来，有时候还会相互开玩笑，给别人起外号。有些孩子会特别在意别人给自己起的外号，在意的孩子听到被叫外号时，情绪会受到影响，这种状态会让孩子无心学习，不愿与同伴积极交往。

孩子给别人起外号，本身可能并没有特别的恶意。如果被叫的孩子在意，表现出相应的情绪和行为，会强化别人叫外号的行为。小学阶段的孩子，对于他人的情绪反应特别敏感。如果孩子意识到，自己的言行会影响到他人，他们就会反复使用这种行为，从而满足人际交往的掌控感。

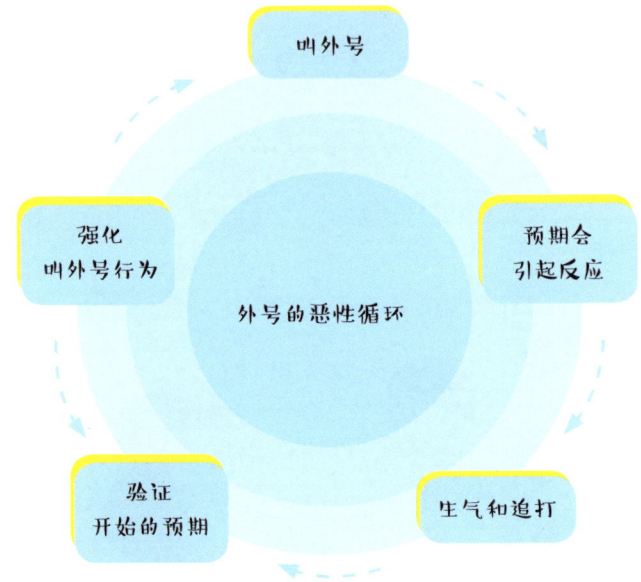

家长可以帮助孩子理解人际互动的过程，采取忽视等方法，消除这种"被强化"的互动循环。当然，面对他人强加而自己不喜欢的事物，孩子有权力恰当地表达不满。如果孩子能够做出让开玩笑的人意料之外的反应，也将有助于减少类似玩笑的出现。此外，家长还可以帮助孩子学习恰当地表达消极情绪的方式以及一些技巧，让孩子能够随机应变地做出反应。

亲子活动

活动 1　我信息

- **目的**　帮助孩子表达情绪感受。
- **要点**　话语以"我"而非"你"作为主语。
- **过程**　家长可以让孩子用"我觉得……""我感到……"的句式,描述听到同学给自己起外号时的感受。表达熟练后,请孩子在学校直接面对叫外号的人说:"听到你给我起的外号,我感到……"

> **提示**　当情绪用语言表达出来时,会减轻感受的程度。家长可以帮助孩子冷静地说出自己的情绪感受。

活动 2　送礼物

- **目的**　帮助孩子用积极角度看问题。
- **要点**　先说出"太好了",再想办法。
- **过程**　家长和孩子一个人先用语言送出礼物,对方要先说"太好了",然后给出一个觉得"太好了"的理由。

> 我送你一双臭袜子。

> 太好了,我可以洗干净它,让你知道我爱你。

> **提示**　说"太好了"的时候,声音可以大一些,表情和动作可以夸张一些,有助于及早找到理由。

 **成长茶吧**

外号不是小事情

孩子到了三四年级,开始对人际关系变得敏感,尤其喜欢能够控制他人的言语游戏。这时候,同学之间开始有了起外号的现象。

外号有三种情况,第一种是中性的,比如孩子名字中有"媛",被称作"汤圆",很多孩子对这种外号抱无所谓的态度。第二种外号是褒义的,就像《水浒传》里的"及时雨"宋江和"黑旋风"李逵,有些孩子喜欢这样的外号,觉得有外号意味着人缘好、有特点、有个性。第三种是贬义的外号,带有讥讽、揭短和侮辱的含义,一些孩子较为敏感,就会出现不喜欢外号的情况,比如有的外号将比较胖的同学称作"猪",将戴眼镜的同学称作"四眼狗"等。当孩子对自己的外号感到厌恶和反感时,家长要意识到事情的严重性,因为恶意外号对孩子来说可能是一种语言伤害。

有调查发现,中小学生认为语言伤害是校园伤害的首要因素。大约68%的学生因为老师对学生的语言伤害和同学之间含有歧视的外号,出现同学冲突、拒绝上学、离家出走,甚至自杀和违法犯罪等极端行为。很多研究者认为,如果被起外号的孩子感觉不舒服,就可以将起外号认定为欺凌行为。有研究发现,从小学到初中,15%~20%的受害者将继续遭遇欺凌,甚至能延续到成年期。

对于起外号的现象,很多家长和老师都会采用惩戒的方式,对用语言伤害他人的孩子进行处罚。但这种以暴制暴的方式并不能走进孩子的内心,不但不能修复已经破损的同伴关系,反而会营造出一种不安全的人际氛围,将语言伤害由公开行为压制为背后行为,陷入无法掌控的局面。

家长要心平气和地看待孩子的欺凌行为,了解行为背后的目的和意图,真诚地关怀孩子的感受,耐心聆听孩子的想法,用自己的行为为孩子示范人际交往的良好模式。

对于受到伤害的孩子,家长和老师会错误地使用"受害者归因",认为出现这种情况主要是孩子自己的问题,认为这是孩子之间正常的玩笑,认为是孩子成长中必经的历程。现在很多研究发现，校园欺凌行为会对孩子造成极大的身心伤害，孩子会出现沮丧、焦虑、孤独和抑郁等心理问题，甚至出现自杀行为。

人们过去认为"一日受害，终身受害"，校园欺凌的受害者是一个稳定的角色。现在的研究发现，校园欺凌包括语言欺凌的角色会不断变化，有些孩子成为受害者后，遭受长期压迫会做出过激反应，或者转向欺凌更弱小者。

家长要给予孩子更多的关怀，让孩子说出自己的真实感受，一起探寻合适的问题解决的方法，既要防止对孩子造成伤害，又要避免让受害者变成另一个加害者。

孩子总是讨好同学怎么办？

- **方法 1** 培养孩子受欢迎的品质
- **方法 2** 让孩子学会拒绝不合理要求

> 这些巧克力我明天带给小怡、小静。

> 怎么要买这么多巧克力，你自己吃得了那么多吗？

> 虽然我也很喜欢……你喜欢我就送给你。

> 小莉我特别喜欢你的这支笔。

> 另外一条是小静的，我答应了帮她洗。

> 你怎么有两条红领巾需要洗呀？

妈妈发现小莉经常用买零食、帮人做事等方式讨好别人。自己喜欢的东西，别人想要她就会毫不犹豫地送给他。妈妈担心小莉过于在意人际关系，不能很好地发展自己的个人特性，影响自己的生活和学习。

写给家长的教养攻略——孩子校园生活的挑战与应对

同伴关系是人生重要的组成部分，具有良好同伴关系的孩子，拥有更多的社会支持，会表现得更为健康和积极。有的孩子可能会为了维持友谊，或是担心被人拒绝，用零食、玩具和帮忙等方式，讨好同学。经常讨好同学的孩子，对人际关系也会特别敏感，常常为同伴关系感到担忧。

采用送东西、无条件答应他人要求、无原则帮别人等方式获取友谊，属于**讨好型交往方式**。讨好型交往方式的形成很大程度上与家庭教育有关。用以下图示来表示：

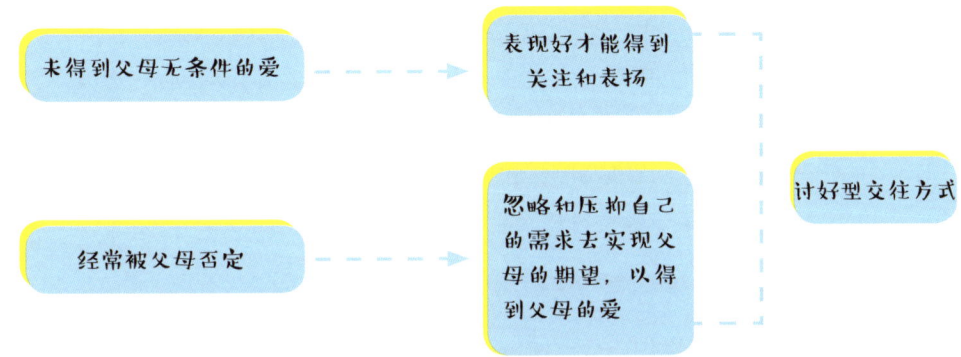

每个孩子都希望交到好朋友，希望在朋友心中留下美好的印象。"讨好"在获得他人关注和留下好印象方面，确实有一定作用。但对于建立长期的友谊关系，讨好对方不是最佳选择。这是因为讨好只会让双方关系不平等，这份情谊也将难以长久维系，重要的是让孩子拥有受欢迎的品质和特点。家长平时要尊重孩子的人格，积极关注孩子的需求，帮助孩子形成平等互助的人际交往风格。同时，家长可以和孩子一起寻找友谊形成的条件，让孩子学会拒绝不合理的要求，将友谊建立在志趣相投和互帮互助的基础上。

亲子活动

活动 1　欢迎度清单
- **目的**　帮助孩子认识人际吸引的主要因素。
- **要点**　受欢迎的特点要符合孩子心理发展的规律。
- **过程**

> - 第 1 步，请孩子说说看，班上哪几个同学最受欢迎。
> - 第 2 步，说说看他们受欢迎的原因有哪些。
> - 第 3 步，总结出受同学欢迎的要素清单。
> - 第 4 步，看看自己可以发展哪些要素。

提示　有些受欢迎要素很难一时具有，比如学习好、体育好等；还有一些要素可以速成，比如爱笑、有礼貌、仪表干净得体等。可以先从最容易改变的方面行动。

活动 2　拒绝时刻
- **目的**　帮助孩子学习拒绝他人的不合理要求。
- **要点**　克服拒绝别人就无法做朋友的极端想法。
- **过程**　首先，罗列出孩子需要拒绝的事情，主要包括违背心愿的、违反纪律和规定的、力不能及的三类。

然后，和孩子商讨拒绝的方式，比如微笑着摇头，不做任何解释和回应；直接说"不好意思，这个我没办法帮忙"等。

最后，可以一起演练一下。

提示　拒绝别人需要一定的勇气，拒绝时可以深呼吸，放慢说话速度，保持放松和挺立的姿态，这样有助于刺激大脑分泌让人镇静的神经递质。

 **成长茶吧**

教孩子学会拒绝

孩子到了三四年级，开始在意同伴关系。为了保持良好的同伴关系，孩子有时候会害怕对他人的要求说"不"，担心拒绝了对方的要求，会影响到朋友之间的关系。

生活中有很多需要孩子主动拒绝的事情，比如违背自己意愿的事情，包括不喜欢吃的东西、不愿意买的东西、会影响到自己生活的事情等；还有自己做不到的事情，包括用自己的时间和精力帮助别人，最后自己的任务无法完成等。这些时候都是需要拒绝的时候。

在生活中，孩子可能会形成非黑即白的不合理观念，认为好朋友必须按照对方的要求做事，否则就不是好朋友。这种绝对的、一定的、必须的想法，会加大孩子拒绝别人要求的压力。

不会拒绝的孩子无法说出自己的真实感受，满怀的委屈只能自己承受；他们往往说话的声音比较小，面对他人时身体后撤退缩，尤其害怕当着很多人的面说"不"；当他们拒绝的话语被反驳时，也缺乏支持自己的同伴。

对于害怕说"不"的孩子，家长要给予更多关爱和支持。在日常活动中，家长要学会经常征求孩子的观点，听取孩子的意见，尊重孩子自己的选择。当孩子表现出胆怯和害羞时，家长要耐心等待孩子说出自己的想法，培养孩子表达自己真实感受的能力。

台湾心理学者王意中老师建议在拒绝时，做一下动作：

- 微笑，不回应。（能微笑多久就多久。）
- 专注在自己眼前的事情，不予理会。（必须在心中反复告诉自己"做该做的事情"，然后持续强迫自己做当下该做的事情。）
- 直接告诉对方：很抱歉，我不方便帮忙。（虽然，这时讲话的声音可能有些颤抖，但请深呼吸，一个字、一个字地慢慢说。）

- 掉头，往老师、人群多的地方走去，或去找人问问题。（人多的地方比较安全，可以帮助我们具有勇气。）

除了同伴间不合理的要求外，现在孩子还面临着性侵害的风险。当孩子对他人的接近和碰触感到不安时，需要立刻做出拒绝的反应，避免发生进一步的不当行为。在这种情况下，表达拒绝的说法包括：我不喜欢别人碰我的身体、妈妈说别人不能随便碰我的身体、请你离开我、我要大喊了。如果情况危急，就需要直接呼救或逃跑。另外，还可以采用借故离开的办法，婉转地拒绝。孩子可以说：我现在想上个厕所、爸爸在外面等我、妈妈刚才打电话叫我回家等。

孩子和手足难相处怎么办？

- 方法 1　家长要给予孩子积极的关爱
- 方法 2　树立明确的家庭规则

阳阳是家里的宝贝，平时有什么需求都会优先满足。自从有了弟弟后，妈妈的精力都用来照顾弟弟，阳阳觉得受到了冷落，开始和弟弟争抢东西，这让妈妈不知道怎么办才好。

一个家庭中，无论是父母的关爱还是物质条件，资源总量是有限的。这就会出现手足之间既有合作又有竞争的复杂关系。

很多时候，手足之间出现矛盾，家长可以让他们自行协商解决。如果手足间发生冲突的次数越来越多，程度越来越激烈，甚至出现语言和肢体的攻击行为，家长要采用积极的介入方式，帮助孩子解决问题。

介入形式

介入性质	语言介入	行为介入
• 积极介入	• 赞美、支持、鼓励、安抚	• 拥抱、抚触、轻拍
• 消极介入	• 责骂、羞辱、威胁、讥讽	• 推搡、限制、禁止、剥夺
• 不介入	• 转移注意力、转移话题	• 支开、停止、回避

手足在童年期共享家人的关爱和照料资源，他们对家长对待长幼的言行非常在意。家长要避免偏爱与偏袒的想法和行为，树立明确的家庭互动规则，帮助孩子调适心理，采用建设性的方式解决冲突和矛盾。

 **亲子活动**

活动1　专注陪伴时间

● **目的**　和孩子维系亲密关系，帮助孩子形成安全感。

● **要点**　和孩子拥有一段不受打扰的陪伴时间。

● **过程**　家长每天能够与每个孩子有一个单独相处的时间，可以是起床或睡觉前，可以是学校接送的路上，等等。在这个时间段内，家长可以不受打扰地与孩子进行沟通交流，谈论最近发生的事情和各自的感受。

> **提示**　手足中的哥哥或姐姐，最需要家长这样专注的陪伴时间。

活动2　家庭相册

● **目的**　让孩子感受到，家长对每个孩子都付出了全身心的关爱。

● **要点**　孩子自己感受到关爱，而非家长告诉他。

● **过程**　整理家庭的影像资料，按照时间顺序排列手足中哥哥、姐姐的照片或录像。找机会一起翻看哥哥、姐姐小时候的样子，将他们的小时候和弟弟、妹妹的现在联系起来。

> **提示**　可以制作成电子相册或影片，作为重要的家庭资料保存起来。

活动3　职责清单

● **目的**　帮助孩子明确家庭成员各自的职责和义务。

● **要点**　家庭成员各自的职责要协商形成。

● **过程**　召开家庭会议，协商家庭事务主要的负责人。比如接送孩子上下学是爸爸的主要职责，照顾妹妹吃饭睡觉是妈妈的主要职责，管理好自己的学习是哥哥的主要职责，和大家一起玩是妹妹的主要职责等。

> **提示**　挖掘每个家庭成员存在的意义，并且赋予他们力所能及的职责。

 **成长茶吧**

家有二孩，更需打理好婚姻关系

现在很多家庭都有了二孩，由于第二胎出现之前，头胎儿童拥有父母双方全部的投入和注意，第二胎使父母的投入和注意发生转移，出现了两个孩子争夺家长注意力的问题。父母在带两个孩子的过程中，也发现两个孩子之间经常出现争执，难以平复。

手足之间的冲突对家长来说是一个挑战和考验。很多家长会觉得自己无法有效控制孩子们之间的嫉妒和冲突，感到自责和无助。有时候家长缺乏解决冲突的策略，显得有点手足无措；有时候家长介入太快，过于强调谁对谁错，反而让争斗升级；有时候家长只能努力平均分配家庭中的情感和物质资源，却忽略了每个孩子有不同而特殊的需求。

心理学家阿德勒将家庭中每一个成员所构成的家庭结构，比喻成银河系的星座，称作家庭星座。星座中的每颗星星就是家庭中的成员，这些成员有的耀眼，有的暗淡，有的闪亮，有的无光；星星之间的距离有的疏远，有的亲密，形成了不同的位置关系。有时候某个孩子为了成为最受宠的人，会使用欺骗手段，在自己和父母之间建立三角关系。

从手足关系上讲，同胞之间可能形成三种关系类型。

第一种手足关系是温暖和谐型。大约36.5%的同胞之间，属于温暖和谐型的关系。与其他朋友相比，孩子总是对自己有血缘关系的手足具有亲密感，愿意为对方投入情感和能力的支持。而拥有温暖和谐型关系的孩子，会更善于用妥协的方式解决问题，用更具建设性的策略化解人际冲突。

第二种手足关系是敌意冲突型。大约20.7%的同胞之间，属于敌意冲突型的关系。敌意冲突型同胞关系的主要表现形式是相互攻击和嫉妒。在二孩家庭中，由于老大与老二要"争夺"母爱，会存在一定的竞争关系。这种竞争表现为孩子之间的打闹和抢夺，而嫉妒则会增加同胞间的攻击行为并减少相互的帮助行为。

第三种手足关系是和谐与冲突并存型。大约 42.8% 的同胞之间，属于和谐与冲突并存型的关系。这些孩子在亲密的互动中，既有相互帮助与合作，又会出现矛盾和冲突。

影响孩子之间关系的因素比较多，如果从系统的观点看，最为重要的是父母之间的婚姻关系。在家庭星座中，最为核心的是夫妻关系，然后是第一个孩子，第二个孩子。每个孩子都努力地在家庭星座中，找到自己合适的位置。

婚姻关系是家庭组成的基础，决定了家庭成员在家庭中的生活质量，对儿童的健康发展具有重要作用，是影响孩子手足关系的重要因素。总体来看，父母婚姻关系良好，会对孩子的手足关系产生积极的影响。家长是孩子的第一任老师，父母通过在婚姻关系中，展示自己处理矛盾和解决冲突的方式，直接影响孩子应对同胞冲突的方式。

首先，良好的父母婚姻关系、良好的婚姻沟通、父母之间积极共处的关系等，能为儿童解决嫉妒和冲突提供榜样。很多研究发现，父母婚姻关系良好的孩子，更具有心理安全感，更能形成安全型依恋，更善于调节自己的嫉妒情绪。当孩子觉察父母将注意力放在手足身上时，能够消除自身的嫉妒和不平的情绪。

其次，父母彼此积极和消极的情绪，会通过与孩子的接触传递给他们，直接影响手足间冲突解决的方式。研究发现，当母亲有更多消极情绪表达时，会导致子女间出现更多的敌意与竞争；母亲的积极情绪表达，则能促进孩子之间形成亲密关系。

孩子出了问题，很多家长习惯从孩子身上寻找根源，并试图改变孩子。从系统论的角度看，良好的父母婚姻，能让家庭成员在教育孩子的问题上，更具公平性，彼此之间更容易达成一致和共识。维护良好的家庭系统，能够有效减少手足之间产生嫉妒和冲突的可能性，保证家人和谐相处。

孩子受欺负怎么办？

- 方法 1　关注孩子的校园生活
- 方法 2　共情孩子的感受

小甜最近发现班上的同学对她指指点点，之前一直玩的好朋友也开始疏远她。原来，班上同学觉得她胖，开始排挤她。父母担心孩子在学校中受到欺负，想保护好自己的孩子。

随着孩子们同伴交往的深入，有人在学校凭借权力、地位、身份等不平等条件，故意且多次伤害同学身体或心理，我们称其为**校园欺凌行为**。2016年，教育部抽样调查全国29个县10万余名中小学生，发现校园欺凌发生率为33.36%。校园欺凌是一个普遍存在的问题，会对孩子的身心健康造成不良影响。

校园欺凌具有隐蔽性，常常发生在上学前、放学后、课间休息和自由活动时间，场所往往在厕所、宿舍、楼梯拐角、运动场和校园角落、上下学路上等，家长和老师难以发现。发生欺凌后，孩子受到威胁或出于羞耻，较少告诉老师和家长。校园欺凌一般分为以下四个类型：

校园欺凌的类型	
言语欺凌	谩骂、侮辱性外号、诅咒、性别讥讽
肢体欺凌	推搡、绊倒、拉扯、抓咬、踢踹、性骚扰和性侵害
人际欺凌	孤立、排挤、造谣、破坏关系、勒索
网络欺凌	上传他人隐私信息、传播谣言、发表人身攻击的言论

平时，家长要对孩子的衣着仪表、个人物品、身体痕迹、零用钱和情绪状态保持敏感，及时了解孩子的校园生活，帮助他们掌握自我保护、问题解决和求助的技能。

很多欺凌别人的孩子，自身也有过受欺凌的经历，他们的内心也充满着不安。当孩子受到欺凌，内心感到委屈和愤怒时，家长不能认为这是孩子间的恶作剧，是小题大做；而是要认真对待，共情孩子的感受。平日里要鼓励孩子形成亲近的同伴关系，学习制止欺凌行为的技巧。

亲子活动

活动1 故事交换时间

- **目的** 及时了解孩子的校园生活，预防欺凌行为的发生。
- **要点** 营造畅所欲言的家庭沟通氛围。
- **过程** 每天或每两天有一个不受打扰的时间，家长和孩子在一起，家长向孩子讲述自己工作上的故事，孩子向家长讲述校园生活的故事。家长以倾听为主，少做评价和评论，谈话集中在孩子的想法和感受上。

> **提示** 家长只要用语气词或重复孩子的话，作为回应就可以了。

活动2 "我"信息

- **目的** 帮助孩子掌握欺凌回应技巧。
- **要点** 冷静地表达自己的真实感受。
- **过程** 教给孩子如果面临欺凌，使用"你这么说（做），我很生气，请你走开"的句式。家长和孩子可以在家进行演练。

> **提示** 回应欺凌时，身体姿势挺直，声音尽量洪亮，情绪保持冷静。

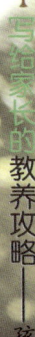

写给家长的教养攻略——孩子校园生活的挑战与应对

成长茶吧

校园欺凌的应对

校园欺凌是一个普遍存在的问题,据 2016 年联合国儿童基金会调查,三分之二的受访者说自己曾经受到过欺凌。欺凌是一个复杂的现象,包括身体、言语、关系和网络欺凌等形式。学校中发生最多的是言语欺凌,随着儿童年龄增长和社会化程度增强,身体欺凌的比例会逐渐减少,其他类型欺凌会逐渐增加。

作为父母,要训练孩子判断局势和察言观色的能力。

首先,如果遇到有人欺凌自己,要保持镇定和冷静,用让欺凌者感到意外的情绪应对;其次,如果确认对方在实施欺凌行为,应该沉稳地注视对方,语气平静地告诉对方自己不喜欢现在的情况;再次,如果事情严重,需要快速跑到人群密集的场所,然后告诉老师。

家长要经常关注孩子的衣着和表情,如果怀疑孩子受到欺凌,一定要予以高度重视。我们可以通过以下标准,来进行判断是否存在欺凌行为:

第一,交往双方是否存在权力差距。欺凌者往往利用自己权力上的优势,包括身体强壮程度、经济社会地位和群体优势等,对另一方面进行压迫。

第二,是否存在主观上的蓄意伤害。欺凌者往往将自己的快乐,建立在他人的痛苦的基础上,是主观的蓄意的伤害。

第三,这种行为是否重复出现。欺凌行为常常针对特定对象,多次发生。

第四,受害者心中是否有消极体验,包括害怕、恐惧、焦虑等。

如果孩子受到欺凌,家长首先要自己保持冷静,既不能刻意忽视,也不必无限放大。用平静而自然的语气,和孩子沟通。沟通时要接纳孩子的想法和情绪,可能孩子会说一些过激的话语,会有一些极端的想法,家长不做评价只要倾听就可以,引导孩子用非暴力的方式表达受伤和愤怒的感受。当孩子情绪平稳后,可以和孩子分享一些自己的经历和感受,与孩子建立情感上的共鸣,表达对孩子的理解和支持。除此之外,可以和孩子一起探讨问题的解决办法,包括人际交往技能的训练、危险情境的识别、自信心的建立等。如果有需要,可以考虑给孩子转换生活环境。

欺凌事件会对孩子造成一定的影响，家长要努力和孩子一起度过难关。欺凌常常发生在独来独往孩子的身上，作为家长可以提高孩子对学习和社会活动的参与程度，帮助孩子与同伴建立更加密切的关系，培养孩子坚强的心理品质，这样孩子才能应对人生以后的种种挑战。

孩子暗恋同学怎么办？

- 方法 1　让孩子学会把握异性交往的尺度
- 方法 2　培养孩子的优势品质

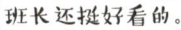

进入小学高年级后，阳阳请教女同学作业时开始变得扭扭捏捏、害羞不已，在课堂上情不自禁地对班上的女同学投向了更多的关注目光。妈妈担心阳阳暗恋同学，影响学习。

孩子在 10～12 岁左右，开始进入青春期，他们更加需要亲密的朋友，朋友圈也由多数同性组成的小团体，过渡为同性和异性都有的大团体。孩子此时一方面需要根据自己在他人（尤其是带有情感色彩的同伴）心目中的表现和地位，确定自己的身份和特质；另一方面也会因为在意异性的眼光，而感到焦虑和不安。

人的一生会和不同的人建立亲密关系，这个人我们称为**重要他人**。在不同的发展阶段的人际需求和重要他人是有区别的。小学高段开始，更具感情色彩的同伴将成为他们关注的重要他人。这时，孩子之间的交往不再是单纯地一起游戏，友谊开始建立在想法、爱好和兴趣的交流和探讨之上。

孩子不同发展阶段的人际需求和重要他人

婴幼儿期	小学低段	小学中段	小学高段	中学开始
• 母亲的关爱和照料，或能够替代母亲的照顾者	• 家长和老师等成人，给予关爱、建立规则	• 同龄玩伴，需要同伴群体的接纳和归属	• 同性和异性共同组成的团体，与同伴建立亲密关系	• 特别关注恋爱关系，开始从友谊过渡到恋爱关系

家长要帮助孩子形成自尊自爱的心理品质，采用合适的方式与同伴正常交往。当孩子表现出对亲密关系的需求时，家长要冷静正常地对待，防止过度干预导致孩子对恋爱关系产生更多的渴望，或对自身感到不满和贬低。要想和他人建立亲密关系，自身需要具有足够的安全感。如果孩子自身缺乏安全感，就会采用攻击、退缩或讨好的人际互动模式，无法形成平等关爱的亲密关系。家长可以帮助孩子努力提升自己，培养自身的优势品质，用积极的态度处理亲密关系。

亲子活动

活动 1 人际距离

- **目的** 了解不同人际关系的恰当行为表现。
- **要点** 将人际关系和距离行为相对应。
- **过程** 首先，在地上根据不同人际关系距离，画出远近不同的区域。家长和孩子各站一端。

然后，家长变换站立的区域并说出自己的身份，孩子要做出恰当的行为反应。比如，家长说，我是隔壁班的同学小明，并准备进入亲密距离圈，孩子应该用握手或后退的方式，让家长保持在社交距离和个人距离区域。

提示 合适的交往距离需要不断地调整，是一个动态变化的过程。

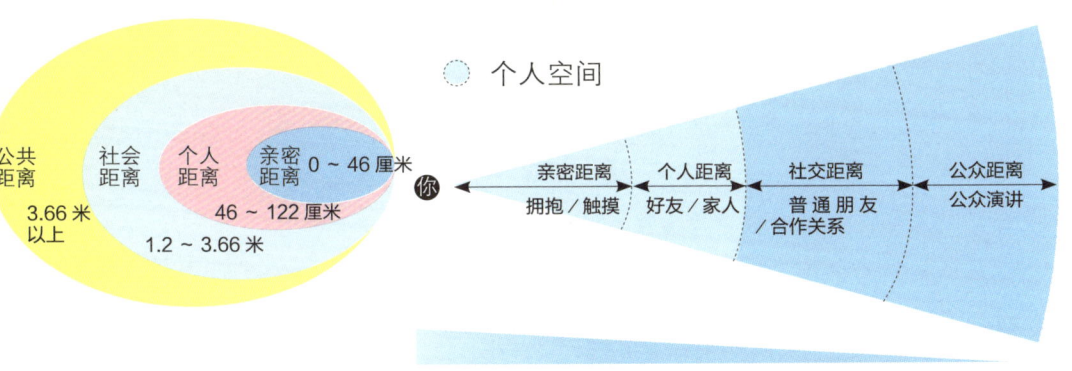

活动 2 我是谁

- **目的** 帮助孩子了解自己的特质和优势。
- **要点** 语句要描述具有个人特点的品质和表现。
- **过程** 准备纸笔，家长和孩子用"我是一个……的人"为句式，写五句话描述自己。然后向对方解释和求证。

提示 有时候同一件事，会产生不同的看法和描述。家长要多倾听，鼓励孩子说出内心的想法和感受。

孩子暗恋同学怎么办？

 **成长茶吧**

预防性骚扰和性侵害

儿童在学校除了可能遭受暴力和欺凌的侵害外，还可能受到性侵害。美国最保守的估计，有15%的学生在学习生涯中曾经遭受过性侵害；在被骚扰的人中间，很多人也骚扰过别人，而且很多时候这些侵害就发生在老师和其他工作人员的监管之下。对美国高中毕业生的调查显示，17.7%的男生和82.2%的女生在校期间，遭受过学校教职员工的性骚扰。

由于性骚扰和性侵害的作恶者与受害者不愿意承认自己的此类经历，孩子如果出现以下情况，家长需要多加关注。

首先是身体上的表现：

- 1. 孩子的生殖器官、肛门、嘴巴出现伤痕、红肿、流血、有分泌物或疼痛。
- 2. 孩子感染阴道、尿道或皮肤炎症，上厕所时感到疼痛。
- 3. 孩子衣服撕裂，内衣上有血迹。
- 4. 在没有器质性病变的情况下，出现头痛、胃痛和胸口痛等症状。
- 5. 孩子睡眠发生改变，表现为难以入睡，容易惊醒，时常做噩梦等。
- 6. 孩子饮食发生改变，表现为暴食或厌食。

其次是心理上的表现：

- 1. 孩子出现焦虑、忧郁、害怕，对家长、朋友、宠物、同胞表现出暴力。
- 2. 孩子突然对某些人或某些地方感到害怕，拒绝接近某些人或地方。
- 3. 孩子出现不符合年龄的性语言，对性知识有过于强烈的兴趣和好奇。

- 4.孩子出现行为退化，语言缺乏逻辑、尿床、常常大哭等行为。
- 5.孩子对以前喜欢的东西突然不再感兴趣，甚至抛弃自己重视的东西。
- 6.孩子开始滥用烟酒，有自残、自杀的企图和行为。

当孩子出现这些情况后，家长要保持镇定，千万不能在情绪冲动的情况下，指责和怪罪孩子，这样会让孩子感觉内疚和羞耻，认为自己应该受到这样的对待。如果得到家长的理解和鼓励，大部分孩子会说出真实的情况。

家长可以这样做：

首先，家长要关怀孩子的感受，通过持续的目光接触、主动倾听、无条件的积极接纳，让孩子对家长产生信任。家长要相信孩子的话，对孩子的勇气和信任表示肯定。在对性侵害报告进行证实期间，需要让孩子获得安全和保护，避免遭受进一步的侵害。

其次，证实孩子遭受性侵害后，需要通报有关部门并报警，寻求一切可以获得的法律援助。很多地方都有保护未成年人的机构和法律志愿人员。

再次，很多孩子在遭受性侵害后，会产生心理创伤。家长要给孩子表达感受的机会，无论孩子有何种强烈的情感，家长都要理解和接纳。家长要带孩子到正规医疗机构，寻求专业的心理咨询帮助。

学习力

4 Learning

孩子阅读理解有困难怎么办？

- 方法 1 关注孩子的阅读情况
- 方法 2 有针对性地训练孩子的阅读能力

阳阳平时课文朗读流畅，感情也特别充沛，但在阅读理解，尤其是语文考试的阅读理解题目上表现出了困难。阳阳的父母也很为难，不知道该如何帮助孩子提高阅读理解水平。

孩子将来面对的是一个信息超载和信息过剩的社会,他们不单要掌握识字记忆的技能,还需要根据一定的目标,搜索、整合与加工信息。良好的阅读理解水平是交流沟通、批判性思考和创造性思维的基础。如果过度强调字词语句的学习,孩子就会在信息宏观宗旨的把握和理解上,出现困难。

阅读训练主要培养孩子的三方面能力:

- 认识字词,理解单词语句的意思,能够流畅地朗读;
- 透过字词和语句,运用推理和评价,理解文字包含的特定信息;
- 通过文本阅读,掌握写作技巧。

三年级前,孩子的阅读学习主要依赖视知觉,能够达到流畅朗读的水平。到了中高年段,孩子的阅读学习更要关注如何从阅读中获取信息和知识,如何将阅读中的知识运用到写作中。生活中有一部分孩子存在阅读障碍,具体表现如下:

阅读障碍的表现

- 朗读跳字或随意增字减字,看书跳行,只看得到部分,不见整体
- 习作和作文中有很多错别字,写字常多一画或少一画
- 写作业丢三落四、拖拖拉拉
- 朗读时不按文字阅读,会根据自己的想法朗读;大声朗读时,存在逐字阅读或指读的情况
- 阅读速度慢,听写成绩差
- 认字和记字过程艰难,刚学过的字很快就会忘记
- 数字混淆,数学竖式对齐总出错,做起应用题来非常困难
- 经常混淆形近字,如"已"与"己"、"上"和"下"、"手"和"毛"
- 没有空间感,不能把字写在格子里

家长如果发现孩子有类似问题，需要到正规医院或机构，进行评估和诊断。大脑神经具有可塑性，孩子阅读障碍的表现可以通过后天的科学训练进行改善，很多阅读障碍的孩子经过训练后都可以完成日常的阅读任务。

家长一方面要有针对性地训练孩子的视知觉能力，让孩子的字词阅读达到自动化水平；另一方面要帮助孩子掌握篇章的主旨和结构，奠定自主学习的基础。孩子阅读文章后，可以请孩子说说看，文章讲了什么主题和内容，同意哪些观点，反对哪些观点等。

亲子活动

活动 1　起题目
- **目的**　训练孩子掌握篇章主旨的能力。
- **要点**　将篇章概括为一个短语。
- **过程**　家长利用睡前或送孩子的路上，请孩子或者自己讲述一个生活中、学校里发生的故事。故事讲完后，请孩子给故事起个题目。

提示　先从简短的故事开始，逐渐过渡到较长的故事。起题目也可以先从一个开始，过渡到起两个或三个题目，并一起讨论，哪个题目更合适。

活动 2　故事接龙
- **目的**　训练孩子掌握篇章的基本结构。
- **要点**　保持篇章基本要素的完整。
- **过程**　家长和孩子一起讲故事，一个人起头，另一个人接着继续讲。当孩子跑题或者忽略要素时，家长可以用疑问或者设问的方式，进行补充。

提示　完整的记叙文包括时间、地点、人物、起因、过程和结果六大要素。故事接龙中，家长要有意识地训练孩子补充或者说明这些要素。

活动3 图书角

- **目的** 提供孩子必需的阅读资源和材料。
- **要点** 方便孩子查阅和使用。
- **过程** 家长和孩子一起商量，在家庭中开辟一个角落，放置孩子专属的书柜。书柜中要包括常用的字典、词典、诗词集等工具书，也要有文学、科学、艺术等各类经典书籍。

> **提示** 家长要以身作则，经常阅读和学习，给孩子树立一个良好的学习榜样。

 **成长茶吧**

如何帮助孩子克服阅读障碍?

孩子会不会出现阅读速度慢,做题容易出错的问题?家长发现有这类问题时,不要盲目地认为孩子偷懒、学习不认真,很多时候可能是因为存在阅读障碍。阅读障碍的孩子在6~7岁时表现明显,症状为记字困难、写字时文字左右颠倒等;看书速度慢,阅读时不能理解文章意思,阅读后脑中一片空白。如果智力正常的孩子阅读能力落后现有年级两个年级以上的,就可以怀疑患有阅读障碍病。

阅读障碍病因目前尚不明确,一些观点认为可能是由于脑结构侧化异常(脑功能发育不完善)引起的,男孩发病率是女孩的3倍。在全世界范围内,阅读障碍发生率在5%~17.5%,这意味着每5个孩子中间,就有可能有一个孩子患有不同程度的阅读障碍。汉语阅读障碍儿童的比例在3%~9%,这意味着一个40人的班级中,至少有三四个孩子存在阅读障碍。

目前没有任何有效的药物或医学手段,可以明显改善阅读障碍。而很多阅读障碍的儿童,通过在家庭和学校的教育训练,都可以进行正常的阅读活动。阅读障碍最好的治疗方式是鼓励家长参与到孩子的阅读活动中。

在家庭中,家长可以多和孩子一起阅读。如果家长只是纯粹将书中的文字念完,而不以讨论聊天的方式陪伴孩子看书,那么共读对语言刺激的效果将大打折扣。家长陪伴孩子阅读时,可以一起大声朗读。当孩子不能很好地理解文章时,可以由家长读出来,让孩子听懂后再慢慢进行阅读的练习。家长也可以和孩子对话,谈谈对文章的理解和感受,用自己丰富的语言影响孩子的学习。家长还可以和孩子一起分析文章的结构和写法,寻找好文章的特点和规律。家长和孩子借助书本提供的内容,不论是图像或文字,来讨论和交换意见或经验,这种方式是目前已知的对孩子语言和认知最好的刺激方式。

另外,家长可以和孩子在阅读时,尽量多地调用看、听、写、演等感觉功能。家长可以对阅读内容进行阐述说明和提问,这会刺激孩子右前额叶活动;还可以使用聚焦、补充说明、提问和回馈等技巧，这会刺激孩子左前额叶活动；而孩子主动的口语参与则可以刺激自己两侧前额叶活动。比如在接送孩子的路上，可以播放课文的音频，请孩子边听边跟读。比如一个单元结束后，可以请孩子挑一个课文情节进行表演。比如和孩子玩一些成语接龙、手心猜字等游戏。

家长如果发现孩子有阅读障碍的问题，不能一味责怪，这样容易使孩子丧失学习的兴趣和自信。家长要学习一些阅读障碍的知识，主动用以上的方法帮助孩子克服障碍。

孩子做题粗心大意怎么办？

- 方法1　减少注视电子产品时间
- 方法2　加强睛球追视功能和前庭稳定功能相关的训练

元元在学校里学习态度积极，可在作业、练习中经常犯一些简单的错误。考试时，很多会做的题目也会答错。老师希望元元父母督促孩子学习，让他在做题目时更认真仔细一些，可父母的提醒效果好像并不明显。

元元的表现可能是孩子常见的专注力不集中问题,和孩子眼球追视动作差、前庭缺乏训练有关。我们 80%~90% 的外界信息是通过视觉获取的,阅读时眼球从左到右、从上到下不断移动,同时内耳的前庭会维持视觉焦点的稳定。

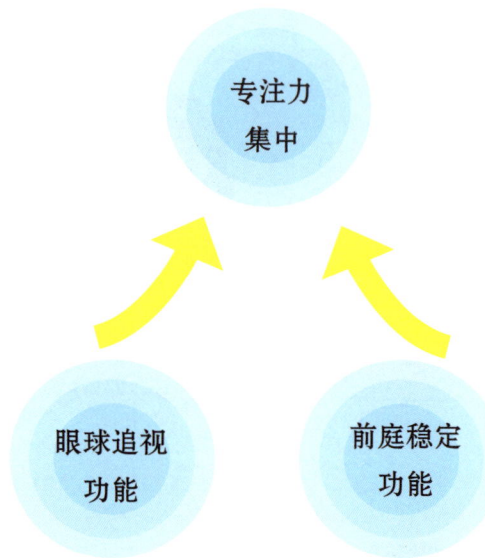

日常生活中,家长要通过一些训练方法让孩子的眼球和前庭得到充分刺激。家长可以和孩子一起,进行一些游戏,锻炼眼球追视功能和前庭稳定功能,比如抛接球活动可以锻炼眼球追视功能,翻滚活动可以锻炼前庭稳定功能。尤其要注意的是,不能让孩子长时间注视电子产品的屏幕。在看书和注视真实世界时,我们的眼球在做追视动作。当我们注视屏幕时,眼球采用的是静态的"凝视"方式,此时眼球并没有运动。

亲子活动

活动 1　抛接球

- **目的**　促进眼球的全方位运动。
- **要点**　从各个角度进行抛接球活动。
- **过程**　准备一个球,可以是排球、棒球或乒乓球,也可以是沙包。家长和孩子距离 2～3 米,相互抛接球。

> **提示**　接球时要用双手;抛球时要轻柔,避免伤到手。

活动 2　前滚翻训练

- **目的**　刺激前庭功能发展。
- **要点**　按照"一蹲、二撑、三低头、四团身、滚动像圆球"的口诀进行练习。
- **过程**　在地板上铺开软垫,按照口诀进行前滚翻练习。

> **提示**　开始时,家长可以帮助孩子翻滚,直到孩子掌握技巧。

活动 3　舒尔特表练习

- **目的**　通过眼球运动锻炼视觉神经,帮助孩子训练注意力的稳定性和分配性。
- **要点**　表格固定不动,移动眼球寻找目标。
- **过程**　首先使用数字舒尔特表练习。准备若干张 1～25 的舒尔特表,让孩子从 1 开始,按照顺序找出数字并用笔连起来,家长记录孩子每次完成该任务的时间,用时越短,说明孩子的注意力水平越高。在这个过程中,家长要及时将孩子的进步告知孩子。

3	24	17	15	23
16	4	11	5	14
6	2	18	22	7
19	25	8	12	20
9	10	21	1	13

用时（ ）秒

孩子熟练后，可加大数字舒尔特表的难度，比如1～36、1～49。当孩子熟练数字舒尔特表的练习后，还可以采用文字练习。

我	有	的	不	有
可	认	东	说	未
只	尚	们	认	的
识	东	没	世	西
西	上	识	能	还

（世上没有不可认识的东西，我们只能说还有尚未认识的东西。）

人	速	读	懂	易
的	人	明	读	比
快	懂	不	的	表
研	究	读	功	速
阅	更	成	快	得

（研究表明，懂得快速阅读的人，比不懂快速阅读的人更易成功。）

长茶吧

孩子眼球追视发育正常吗?

有些孩子在阅读时,会表现出对阅读缺乏兴趣,写字跳行漏字等现象,家长会批评孩子看书、做作业粗心大意不认真。然而这也有可能是眼球追视动作的协调性出现了问题。

为了确认孩子的情况是否属于眼球追视动作问题,可以根据台湾学者廖笙光在《搞懂孩子专注力问题,学习力提升200%》一书中罗列的项目,对孩子的情况进行评估。

- 在阅读时,会出现跳字漏行的情况。
- 考试容易粗心,常常有漏答的情况。
- 写字像画图,常常会缺笔少画的写错字。
- 在玩接传球时,常无法顺利地接到球。
- 常常东西就在眼前,找个老半天却看不到。
- 过马路时,无法察觉有无车辆,险象环生。
- 无法判断距离,拿东西时会摔倒。
- 抄布置的作业时,常常拖拖拉拉或不完整。
- 不喜欢阅读,一拿到书本就想要睡觉。
- 喜欢玩电子游戏,一天时间超过一个小时。
- 喜欢趴着看书,不喜欢坐着读书。
- 写字时,常出现左右颠倒,如"b"写成"d"。

每个题目分"从不""很少""有时""经常"和"总是"。如果有超过半数情况为"经常"或"总是",就可以按照亲子活动中的方法多做训练。

孩子的神经系统还处在发育过程中，过多的指责和批评并不能帮助他们更好地发展能力。孩子需要的是更具支持性的环境和训练活动。家长可以和孩子将学习当成游戏，在放松的条件下拥有最初的成功经验。当家长能真诚地鼓励与赞美孩子时，孩子的大脑神经细胞就会分泌多巴胺，多巴胺在学习的期待与奖励过程中扮演关键角色。当人们专心致志时、与他人和谐相处时、成功完成任务时，多巴胺的美好感觉就会引发孩子更多的学习动力。家长要调整自己的步伐，体谅孩子的内在感受，包容他们的失误，陪伴孩子走过困难的时刻。

孩子不会写作文怎么办？

- 方法 1　让孩子了解好的作文的形成过程
- 方法 2　帮助孩子刻意练习写作技巧

　　每次语文考试，强强交上来的作文都会让老师哭笑不得。为此，强强妈妈给强强买了好多作文书，想让强强提高写作水平，可强强从不翻阅这些书。父母担心孩子小时候作文水平差，将来文字表达的能力也会受到影响。

孩子从小学中段开始，逐步由写话过渡到写作。很多家长认为，大量阅读就能写出好作文。其实不然，写作是一项专业技能，考查孩子的综合能力。要想写好作文，需要掌握语言文字的表达规则，具备表达主题和内容的知识信息，了解读者的想法和预期。在这三种技能中，想象不在面前的读者，有什么样的想法和预期，对于很多孩子来说，不是一件容易的事情，需要刻意练习才能达到较高水准。

好的作文经常要经历计划、写作和修改等阶段，这和其他提笔就写答案的题目有很大差别。家长要帮助孩子了解写作需要的知识和技能，并且学习计划、写作和修改的写作技能。

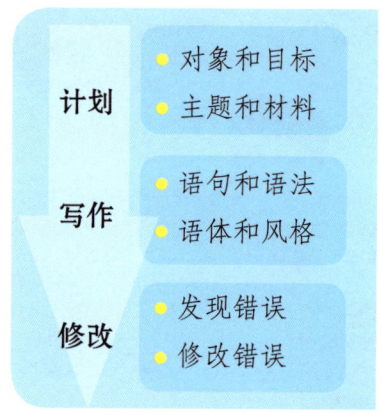

将自己的想法和观点，用文字的形式表达出来，是未来生活必需的技能。家长可以有意识地让孩子大量阅读优秀的中文作品，分析语文课本的文章，模仿经典文章的谋篇和用语，刻意在读者意识和写作计划方面，训练孩子的写作能力。

亲子活动

活动1 写给谁

- **目的** 帮助孩子从读者的角度,思考如何表达。
- **要点** 是谁不重要,重要的是孩子心中要有一个确切的写作对象。
- **过程** 孩子写作文前或修改作文时,家长可以和孩子聊聊写作对象。比如,家长可以问:你的作文想写给谁?为什么是他?你希望他看了以后怎么想怎么做?我们怎么写才能达到目的?等。

> **提示** 可以进一步问问孩子,作文中哪些地方,回答了这些的问题。

活动2 思维导图

- **目的** 训练孩子写作文时的谋篇布局能力。
- **要点** 对头脑中的观点和材料进行组织。
- **过程** 家长和孩子一起根据文体和任务,按照思维导图的样式,绘制作文的写作大纲。

> **提示** 家长可以提醒孩子记叙文、说明文和议论文要使用不同的要素和组织形式。

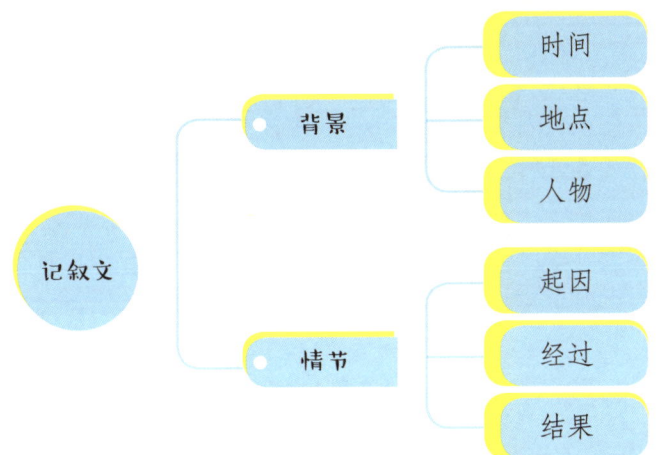

 **成长茶吧**

运用清单写作文

许多孩子不敢写作文,原因是担心自己写不好,因为作文似乎没有标准。在一开始,家长不要过于关注孩子的作文中,字是否写得漂亮,句子用得多华丽。首要要关注的是孩子能够勇敢地表达自己的想法。孩子有了想法,想要告诉别人,让别人知道,才会写出作文来。家长千万不能在孩子想要表达的热情上泼冷水,这会让孩子怀疑自己的想法,进而不敢表达,自然就会害怕写作。

作文是作者将自己的想法转化为文字的过程,这个过程需要作者对自己的想法进行调整,一方面满足语言文字的表达规范,另一方面适合读者阅读理解。写好作文需要一些写作策略,很多研究者认为,将这些策略用清单的形式罗列出来,可以帮助孩子更好地学习写作技能。

这些策略清单包括以下几类:
1. 作文的构思清单

包括:我为什么要写这篇文章?我准备将这篇作文写给谁?我已经知道的事情有哪些?这些事情可以分为几个部分?这些部分之间有什么关系?

好的写作者会用很长时间来构思,孩子需要知道该使用自己知道的何种知识,学习从哪里找到自己想要的主题和内容,需要始终将自己的写作指向具体明确的目标和对象。

2. 作文的组织清单

孩子将作文的目的、观点和主要内容罗列出以后,需要对这些材料组织成一个具有逻辑关系的网络提纲。如果是记叙文,要具备人物、时间、地点和情节;如果是议论文,要具备论点、论据和论证的过程等。

好的写作者需要具备熟练的书写、语法、标点等基本语言文字技能,然后要学会利用提纲和概念图组织材料,保证语句和段落条理清晰、逻辑连贯。如果孩子的书写、语法和标点等语言规范技能已经达到了自动化水平,就能有更多精力来谋篇布局,写出更符合标准和更具特色的文章。

3. 作文的书写清单

孩子可以根据构思清单和组织清单自由写作，并且在具体的点上自由联想，发展更多的语句和段落。孩子也可以根据一篇范文，在研习的基础上模仿写作。

当然，想要自由书写，孩子需要有大量的词句积累。这需要平时多阅读，多思考。家长可以为孩子设定一个每天15分钟的阅读时光，可能是睡前，可能是起床后，可能是上学途中。如果时间紧张，还可以采用听书的方式进行。

4. 作文的编辑清单

写作结束后，孩子可以自己修改，也可以找同伴相互修改。对于作文中喜欢的部分，可以用星号标记；对于作文中不理解的部分，可以用问号标注；最后可以写上整体的评价和建议。

好的文章是改出来，有问题的文章往往没有经过反复修改。孩子们不愿意花时间修改作文，即使检查也常常忽略错误，即使发现错误也不去调整。这说明孩子的元认知能力还比较低，需要不断训练和提醒。

5. 作文的修改清单

根据编辑的文本，孩子可以从语句文法规范、用词用语准确、语句前后连贯、段落逻辑条理和篇章风格等方面，对作文进行修改。

在孩子开始写作的初期，家长要经常与孩子合作，讨论作文的目标、内容和写作技巧。这种讨论会帮助孩子寻找证据支持自己的观点，利用已有的材料进行推理和建构。这种合作讨论的方式可以有效地促进孩子学习写作。

孩子学不好英语怎么办？

- 方法 1　营造沉浸的家庭环境
- 方法 2　大量聆听英文朗读

明明每次都很认真地写英语作业、背英语单词，但英语成绩不见提高，口语水平和听力能力也很弱。父母很担忧，孩子在英语学习方面与别的孩子差距越来越大。

外语交流能力是 21 世纪人们必须掌握的生存技能。很多孩子在课内课外都较早地接触到英语，然而由于对英语学习缺乏科学的认识，哑巴英语和聋子英语的现象普遍存在。

在孩子学习英语早期，单纯的文本阅读和题目训练，强调记忆单词和掌握语法，并非最好的学习方式。这是因为语言虽是人类大脑具有的本能，但想让这一本能发展成语言能力还需要适当的声音刺激。

儿童学习母语由听和模仿开始，然后过渡到说和写，第二语言的学习也遵循类似过程。家长要为孩子创设一个丰富的语言学习环境，让孩子沉浸在充满外语的环境中，听读先行，动用多种感官学习外语。

在强调终身学习的社会，家庭中要充满学习氛围，要努力打造成为一个学习型家庭。家长可以给一些物品贴上英语标签；在一些写字板和墙面，挂上英语图片和英语诗词；在家中经常播放英语故事和英语歌曲，为孩子营造良好的英语学习氛围。

> 英语学习素材可以按照动画—儿歌—有声绘本—改编有声书—短篇原著—未删节中长篇原著进行选择

 亲子活动

活动1 哼读

- **目的** 聆听优先,感受英语的声韵和节奏。
- **要点** 不求完全听懂,像听音乐一样听英语。
- **过程** 播放优秀英语歌曲和英语故事,孩子模仿英语朗读者的韵律、音调和节奏,哼出类似的语音流。还可以请孩子边哼读,边使用肢体动作,比如摇摆、晃动手臂和腿等。

提示 优先选用情节起伏、朗读时充满情感色彩的歌曲和故事。

活动2 磨耳朵

- **目的** 营造沉浸式的英语学习环境。
- **要点** 不去刻意强调学习,启动内隐学习感知英语。
- **过程** 利用家中一切零碎时间,比如起床、睡前、梳洗、吃饭时,将英语歌曲与英语故事作为背景不间断地播放。

英语学习级别	素 材
初级	1.《伊索寓言》系列 2.《轻松英语名作欣赏》(小学版) 3. Earlyreads 系列 4.《书虫》系列
中级	1.《轻松英语名作欣赏》(中学版) 2.《黑猫》有声名著阶梯阅读 3. Password Readers 系列 4.《神奇树屋》系列
高级	1.《书虫》四级以上系列 2.《科学读本》 3.《VOA 英语》系列

 成长茶吧

高效外语学习法

英语学习最好的方法是沉浸式学习,家庭中要把握每一个和语言接触的机会。只有当语言可以真正进入生活,才容易让孩子的大脑觉得这是一件当真的事情。徐火辉在《中国人英语自学方法教程》中提出了几个英语学习的方法,具有一定的参考价值。

1. 最大聆听法

所有语言学习都需要从听开始,才能形成足够丰富的词句库。英语学习可以从建立听书习惯开始,将英语学习融入生活。然后在短期内分步加量,最终实现一天累积聆听3小时的目标。

2. 故事优先法

孩子都喜欢故事,故事的结构也比较适合大脑的记忆和加工。由于处于一定的情节中,孩子可以利用上下文进行猜词,这会刺激语言神经的生长和联结。孩子可以从自己喜欢的童话、传奇、历史故事开始学习。

3. 不求甚解法

现在教学常常强调要读懂每个单词。从自然学习的历程看,我们对于自己阅读的文章,也不是每个词都理解的。理解是大脑语言神经自然生长的结果,而非刻意追求的结果,过早强调翻译会干扰甚至阻断大脑语言神经的生长。可以等孩子听力过关后,再将翻译作为一种高阶思维进行训练。

4. 难易交错法

英语学习的材料应该有难有易,交错使用。所谓难的素材,是指裸听3遍能听懂不足30%;所谓容易的素材是指裸听3遍能够听懂60%以上。徐老师建议难易素材的聆听量比例设置为2∶8。高难度学习材料的目标不在于听懂,而在于训练大脑;低难度学习材料可以提升自信。

5. 变速聆听法

一段材料如果能听懂60%以上,就可以每天用两到三个10分钟,把音频加快至1.5倍来聆听。倍速训练可以使大脑适应节奏更快的语音流。这样训练两

三周后，就会感觉常速英语变慢，更容易听了。对于高难度材料，也可以将语速调慢聆听。

6. 阅读助听法

孩子在多次聆听之后，可以挑选自己最有兴趣的20%段落，进行适当阅读。阅读时可以借助数字产品，先猜词猜字，然后了解意思。当英语的语音流用故事、语句或单词对听觉产生冲击后，大脑语言神经细胞就会被激活，开始联结生长。

7. 素材扩展法

孩子的英语听力进步后，要及时扩展聆听范围。家长可以选择影视剧、公开课、演讲、新闻播客等材料。如果要应对考试，可以增加科普类素材；如果为了出国旅游和生活，应加入实用口语。孩子可以从英语中学习到很多国家的不同文化，这相当于给孩子打开了不同生活形态的窗户。

8. 内化听读法

阅读本质上是听力过关后，在视词助推下内化了的高速聆听。随着孩子听力的进步，家长可以逐渐增加阅读训练时间，听读比在3∶7到5∶5之间，在保持聆听习惯的同时，培养快速阅读的能力。

9. 强制输出法

孩子听力进步后，要引入口语训练或写作训练。在这个阶段可以多找外国人交流。孩子学外语往往会因为怕说错而怕使用。家长要鼓励孩子多交流。当外国人说的话你全能听懂时，每次会话都能令你口语快速进步。

孩子不会做应用题怎么办？

- 方法 1　用语言和图形帮助孩子形成抽象思维
- 方法 2　让孩子感受解题过程 的乐趣

　　每次数学测试，阳阳的应用题总是错误百出，为了提高应用题的得分，他想了很多办法，比如背题目、猜运算等。父母很担心阳阳以后难以应对难度不断增加的数学学习。

数学是探寻事物内在规律和本质的学科，数学学习的目的在于帮助孩子从具体形象思维，发展到抽象思维，学好数学能够提高一个人的逻辑判断能力。为了发挥数学在抽象思维和判断思维方面的作用，孩子熟悉数字和基本运算后，小学中段以后的数学课程会相应地增加问题解决的题目。

孩子抽象思维发展的历程如下：

- 认识数量，比如"我吃了两个苹果"
- 理解关系，比如"哥哥比弟弟大三岁"
- 操作关系，比如"三年后，哥哥和弟弟都需要加三岁"
- 量化事物，比如"用1代表打开，用0代表关闭"

一些孩子开始学习数学应用题时，会反复操练数学习题、运算，过于重视记忆数学公式，这让孩子认为，做应用题就是机械运用解题程序，而忽视了思维训练，久而久之，孩子会觉得数学枯燥无味。

针对孩子的表现，家长可以运用语言和图形帮助孩子理解。家长可以请孩子讲述自己对于题目的理解，借助图形说明题目中蕴含的逻辑关系。

其次，家长要强调解题过程中的思维乐趣，关注思考探索而非简单的答案对错，鼓励孩子花更多时间经历解题过程。家长可以与孩子一起讨论解题过程，放大孩子的好奇心。当找到解题的原理与方法后，家长可以由衷地说："原来是这么一回事啊！解题真有意思啊！我终于明白了，太有趣了。"家长也可以给孩子讲一些数学的历史故事与趣闻。当孩子经历了解题的紧张状态，并能享受发现的喜悦，就会培养出对思考和创造的爱好。

亲子活动

活动1 说题

- **目的** 训练孩子理解问题和监控自我学习状况的能力。
- **要点** 能够清晰地说出解题过程和原理依据。
- **过程** 孩子做好题目后,请他用自己的话,向家长说明解题过程。等孩子完全讲完,家长可以对不明白的地方提问,直到孩子能够用比较完整的话,将题目和解题过程说清楚。孩子说题时,着重看孩子是否理解以下一些概念:乘积、扩展、增加、减少、相差、相同、最小的、最少的、一半、两倍、相向、相遇、相背等。

提示 教会别人是最好的学习。如果家中有两个孩子,可以请大孩子教小孩子一些简单知识。

活动2 画图法

- **目的** 帮助孩子理解题目中的数量关系。
- **要点** 每个数量对应一个图示。
- **过程** 将应用题的语句分解,然后每一句对应一个图示,看看最后能否用图画的方式重新描述需要解决的问题。

提示 图表只是一种示意,不求美观准确,只要能够帮助孩子理解题目就可以。

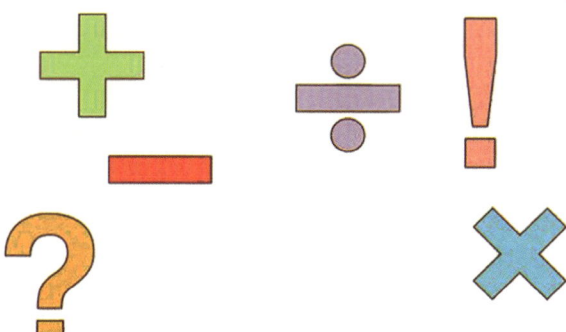

成长茶吧

数学思维比分数更重要

在辅导孩子学习的过程中，很多家长都过于关心题目的对错和孩子的分数。家庭给孩子的数学训练也大致分为两类：一是大量操练，让孩子熟能生巧，达到优秀的成绩；二是提前学习，让孩子赢在起跑点，目标还是要好成绩。成绩出来后，孩子题目做对了，老师、家长都高兴；题目做错了，孩子就会受到责问。

孙路弘是我国著名的奥数研究者，他在《妈妈教的数学》中写道："小学阶段总是能够得一百分的孩子，多数依靠的是记忆力，包括对规则的记忆、对概念的死记硬背，而不是灵活地理解。"数学考试成绩好，完全不等于数学思维好。考试测验的是学生对老师所教知识的掌握情况，而考试题目常常不能体现数学的思维黑洞。那些考试分数总是很低的孩子，问题大多出在概念方面。真正数学能力的提升，是大脑思考能力的精进，像是增强思辨力、逻辑推理力、空间概念、量感等能力。

其实，孩子做题中出现的错误，才是进步过程中的宝贵记号。很多时候，分数是学习的开始，能让我们更好地了解自己的学习情况，知道哪里掌握得好，哪里需要再巩固。考试中出现错误，是学习与纠正知识的最佳机会。如果现在的数学单元孩子不会，一定是前面的单元概念没有吃透。老师和家长要放慢进度，回头找出漏洞修补。数学就像是盖大楼，地基没打好，低层不扎实，再往上盖也没有用。

孙路弘建议家长不要太在意孩子在小学时的考试成绩：成绩有上有下是正常的，最最重要的就是弄清孩子理解了什么、运用了什么。老师在检查孩子作业的时候，经常只看结果是否正确，而完全忽视了思考的过程。有时，答案是孩子蒙出来的，碰巧对了，如果不让孩子说出来，也就不知道孩子思考过程中概念的运用是否正确、对规则是否理解。

家长最应该扮演的就是陪伴的角色、好奇的角色、能够不断交流的角色，并在交流中促进孩子自我意识的成长，能够反思做过的题目。不要用厌恶的心情看待错题，要用拥抱的姿态来面对错误的答案。孙路弘的妈妈从小就注重培养他的数学思维，即使在他数学考满分的时候，也会问他做题用了多少时间，哪道题用的时间最长，哪道题最没有把握，考试后同学之间议论最多的是哪道题。孙路弘说："通过回答这些看上去完全无序的问题，我渐渐开始对自己的做题能力有了把握，知道做得快的题目我容易粗心，做得慢的题目可能是理解问题，过程太长的题目总是把规则弄乱。"其实这就是在错误中学习到的数学。

　　在与孩子交谈的过程中，家长可能会担心：这些题目我也不会啊。孙路弘认为，家长没有必要在孩子面前扮演全知全能的角色，也从来没有这样的家长。遇到不会做的题目，就拿出学习的心态让孩子教你，这是培养孩子成就感的好机会。如果孩子在给你讲解的过程中建立了自信，这对他在外面与别人打交道也有好处。

孩子记不住知识怎么办？

- 方法1 拓展记忆容量
- 方法2 让孩子学会对知识进行理解和加工

妈妈抽查阳阳的课文背诵，阳阳都能流利地背出来。可是第二天在老师面前背诵时，阳阳就支支吾吾，忘记了大半。老师和妈妈说起阳阳在学校的表现，妈妈感到难以置信。

中国的教育注重基础知识和基础能力，但人们往往将死记硬背当成学习的唯一方法，在小学阶段要求孩子记忆很多知识内容。很多时候，快速学到的知识，忘记的速度也很快。一味地强调速度和数量，学习的效果并不好。孩子可以在短时间内记住一些知识，可是如果不经过大脑加工，这些知识还是会遗忘。

事实上，当孩子不断复述某些信息时，就会像"小和尚念经，有口无心"一样，只是将信息储存在了大脑的短时记忆中。当短时记忆和我们的注意力相结合时，大脑才有可能进行认知加工，需要被记忆的信息才能进入长时记忆系统。

一般说来，短时记忆的容量大概为 7±2 个组块，存储时间为 30 秒左右。如果一个孩子的记忆容量不足，那么他做比较复杂的事情时，就会忘记顺序和步骤，需要别人不停提醒；阅读时会读了后面而忘记前面的内容；当需要复述别人的话或抄笔记时，会感到困难。

家长可以运用一些方法来有意训练孩子的记忆力，帮助孩子提升记忆能力、拓展记忆容量。同时，家长要允许孩子多投入注意力，多进行理解和加工，以便将知识转存到长时记忆中，从而能记住知识，并能熟练运用知识（迁移），形成有意义的学习。

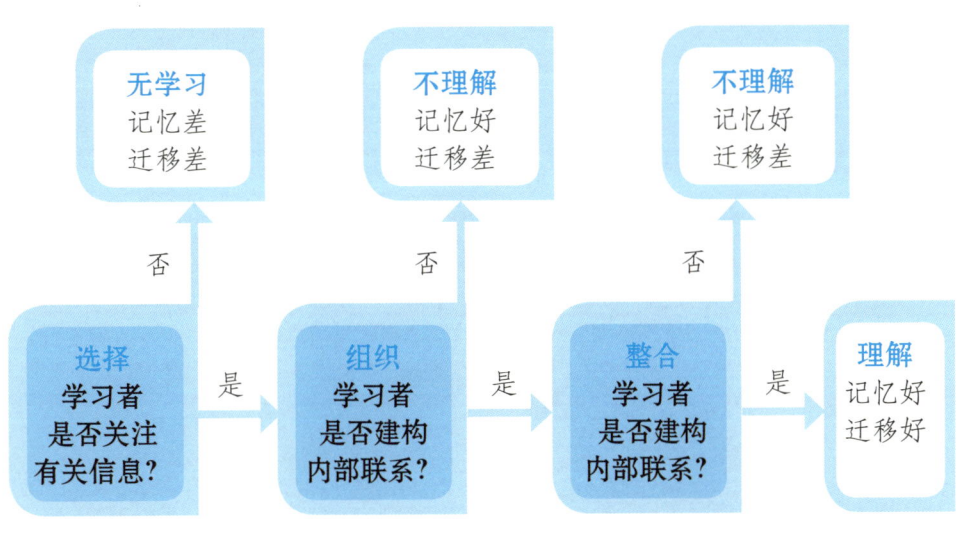

亲子活动

活动 1　我的生活

- **目的**　训练孩子的记忆容量。
- **要点**　按照类别和顺序述说。
- **过程**　家长和孩子轮流说自己生活中的四件事情，比如工作放松的四种活动，保持注意力的四种方法，周五要完成的四个任务，等等。

> **提示**　可以不断增加述说事情的数量，比如五件、六件和七件等。

活动 2　一家人

- **目的**　训练孩子按照一定标准组块记忆的能力。
- **要点**　需要运用一定的记忆方法。
- **过程**　准备三四十张包括各种事物的卡片，图案向下后，家长和孩子各自从上面抽五张卡片。家长请孩子看自己的五张卡片，孩子确认记好后，家长拿回卡片，从中抽取一张混到桌面上的卡片中，请孩子找出来。

> **提示**　可以从少到多地抽取两张、三张、四张甚至五张卡片，不断提升游戏难度。

 **成长茶吧**

"粗心"没那么简单

强大的记忆力是人们一直想要拥有的心理能力。孩子在学习中需要记忆很多知识,运用时会出现很多问题。老师和家长常常笼统地将孩子的错误答案,归因为粗心。粗心是孩子掌握了知识和技能,考试中依然出现遗漏与错误的现象。百般提醒后,孩子虽然答应要仔细、细心,还是会出现做错题目的情况。家长需要更加全面地了解粗心背后的各种原因。

首先,粗心可能和注意力有关。注意能力欠缺可能是造成粗心的心理成因。注意是心理活动或意识对一定对象的指向和集中,它是一种重要的心理状态,贯穿在我们日常所有心理活动的始终。

注意是我们加工外部信息进行的基础。良好的注意状态可以帮助孩子在众多刺激中,选取需要关注的刺激作为注意对象,比如关注老师的讲课内容。另外,良好的注意状态还起到调节和监控的作用,可以帮助孩子维持专心状态,对老师所讲的内容进行精细加工。如果注意力不集中,就会出现粗心的情况。注意力不集中也是一个宽泛的概念,包括识字、阅读、计算、听力或视力等方面的学习问题。家长要认真对待孩子注意力不集中的情况,如果发现孩子出现容易分心、注意力集中时间短、做事缺乏条理、没有时间观念、无法按照指示行事、无法同时完成多样任务、说话做事比较冲动、常常出现拖延和放弃等现象,家长就要及早到正规医院咨询。

其次,粗心可能和工作记忆能力有关。短时记忆可分为工作记忆和直接记忆,而工作记忆是人类认知活动的核心。我们在执行认知任务时,对信息进行保持与操作等工作的加工系统就是工作记忆。这个加工系统能让我们关注的信息保持在注意的平台上,是我们进行认知活动的重要能力。

工作记忆有两个重要的特性,一是容量有限,二是具有抑制功能。这些特性可以帮助我们在认知操作中,让大脑将注意分配到重要的信息加工中,并且抑制不相关的信息。如果孩子的工作记忆容量不够大,或者抑制功能发育不完善,就会出现粗心的问题。比如在写作文时,一方面孩子需要书写文字,另一方面需要整理想法。如果孩子的书写不熟悉，就会分配过多认知资源，导致孩子的想法中断或受阻。

　　为了克服孩子的粗心，家长可以帮助孩子形成学习的三种条件。首先是明确学习目标，包括学习的具体要求、流程和结果。其次是挑选难度适中的活动，如果活动难度太大，可以将大任务拆分成小任务，以降低难度。第三是提供适当的反馈，包括对孩子态度的肯定、方法的指导和专注的鼓励等。良好的反馈应该及时、具体和客观。很多家长都只提供负面的反馈，这会打击孩子的积极性，不利于孩子利用反馈提高能力。

孩子上课走神怎么办？

- 方法 1　帮助孩子学会管理注意力训练
- 方法 2　让孩子建立专注做事的信心

经老师反映，阳阳在学校上课或是做作业时，很容易走神。有时候老师请阳阳回答问题，阳阳都不清楚老师问什么。父母担心阳阳上课注意力不集中，会影响学习成绩。

知识只有经过编码，才能进入大脑的记忆存储器。要想对知识等信息进行编码，我们首先要有选择地注意到这些信息。当注意力维持在学习活动上时，孩子处在专注状态，此时孩子能掌握更多的知识；当注意力转移到其他事物上时，孩子就开始走神了，此时学习的内容无法进入长时记忆，听课效率就会下降。

以下是孩子注意力不集中以及注意力集中的表现：

注意力不集中	注意力集中
● 注意力范围狭窄，倾向于有趣和有动感的事情。	● 安心静坐。
● 注意力分配能力弱，一旦关注某个事情，就忘记别的事情。	● 聚焦稳定。
● 注意力不稳定，容易受无关事物吸引而分散注意。	● 坚持专心听讲。
● 注意力转移不能自控。	● 清楚自己该做什么并能主动跟进。

保持注意需要付出努力，家长可以运用一些技巧，帮助孩子学习管理自己的注意力，将认知资源用于学习上。平时，家长可以为孩子创造一个安静、有序的成长环境，保证孩子必需的营养、睡眠、阳光和运动，和孩子一起玩注意力游戏。此外，家长还要多关注孩子的感受，关注孩子付出的努力，相信孩子能够完成学习任务，让孩子建立起专注做事的信心。

亲子活动

活动 1 专心档案

- **目的** 帮助孩子建立可以专注做事的信心。
- **要点** 从简单、短时间的小事情开始。
- **过程** 家长和孩子一起回想，孩子做什么事情的时候最专心，然后发展出专注清单，家长请孩子多说说那些专注的事情，并放大专注的细节，比如在什么场合，还有谁在旁边，他们怎么看这件事情，孩子自己当时有什么感受，之所以能保持专注的方法是什么等。

提示 家长要带着好奇的心态倾听孩子的故事。

专心的事情	时间	地点	人物	经过	感受	方法

活动 2 吃葡萄干

- **目的** 训练孩子集中注意力的能力。
- **要点** 放慢节奏，动用多种感官。
- **过程**

提示 可以在饭桌上用类似的方法，享受美味。

- 第 1 步，家长准备一些葡萄干，请孩子洗干净手，闭上眼睛，将一只手伸出展开。
- 第 2 步，家长将葡萄干放在孩子的手上，请孩子摸一摸，捏一捏，闻一闻，摇一摇，用嘴唇碰一碰，猜猜看是什么。
- 第 3 步，家长让孩子睁开眼睛，近距离观察葡萄干的大小、颜色、纹路。
- 第 4 步，让孩子把葡萄干放到嘴巴里，用舌头慢慢转一转，用牙齿轻轻咬一咬；然后吃掉。

活动 3 问题清单

- **目的** 帮助孩子将注意力集中在学习内容上。
- **要点** 找出孩子真正不理解的内容。
- **过程** 上新课前,请孩子先预习内容,写出三到五个不明白的地方。第二天听课时,关注老师如何回答这些问题,将答案记下来。通过"提问—学习—回答"的流程,帮助孩子养成预习、复习和主动提出问题的学习习惯。

提问 → 学习 → 回答

活动 4 观察动植物

- **目的** 引导孩子关注细小的事物和变化。

提示 家长自己要克服小动物带来的不适感。

- **要点** 观察时使用工具,最后将观察过程和结果记录下来。
- **过程** 请孩子留心生活中感兴趣的动植物,比如蚂蚁、蜗牛、蜘蛛网、蚯蚓、花草、鱼类等。家长和孩子一起观察动植物的形态、活动规律、特性等。然后用绘画、表格等形式,将观察过程和结果记录下来。

 **成长茶吧**

写作业的诀窍

很多家长都会陪孩子写作业,尤其是对于容易走神的孩子,家长更是寸步不离,监督孩子完成每一步学习任务。还有一些家长认为,孩子学习的很多知识,以后都用不到,学多少算多少,作业也可做可不做。作业是孩子学习生活的重要组成,家长一方面要避免代替孩子完成,另一方面也不能逃避责任,放弃指导。

我们为家长提供了协助孩子完成作业的一些建议,可以用来参考。

1. 创设良好的学习环境

良好学习环境的要素包括:安静的房间,整洁的书桌,充足的光照,文具和工具书随手可得。有些孩子喜欢做作业时听音乐,家长要看学习效果。如果音乐不影响学习,可以允许孩子放一些轻音乐作为背景。

2. 安排时间表

作业是孩子家庭生活的一项常规事项,家长可以帮助孩子在固定的时间段,安排一系列的学习活动。孩子明确了自己要学习的内容和顺序后,会感到安心。可以允许孩子在学习之前或中间,安排一些放松和交往的活动。

3. 检查家校本

很多学校会将家庭中需要完成的任务和作业,写在家校本上。家长和孩子通过检查家校本的方式,可以了解需要完成的项目,防止遗漏。每完成一项任务,可以将家校本上的任务划去或打钩,这样会让孩子更有成就感。

4. 了解孩子的学习方法

学习不是死记硬背,需要使用各种学习方法,加强知识的理解。这些方法包括将想法说出来,边记忆边书写,用画图或标注的形式学习等。每个孩子有适合自己的学习方法,家长可以和孩子一起寻找。

5. 明确作业的重点

老师布置的作业都有主要的目的,比如记忆概念、掌握规律、实践运用等。家长要和老师沟通,明确作业的重点所在,这样在督促和检查孩子作业的时候,就能将注意力放在关键点上。

6. 讨论思考过程

很多家长检查作业时，单纯关注最后结果的对错，很少询问孩子思考的过程。家长要多问问孩子为什么这么写，是怎么想的，有没有更好的办法和答案等，帮助孩子更加深入理解知识和技能。

7. 梳理课堂知识

老师布置的作业很多是为了巩固当天课堂学习的内容，如果孩子作业出现问题，家长不要单纯地判断对错，而是要和孩子一起翻看课本和笔记，梳理当天学习的知识。

8. 给予孩子积极的反馈

很多家庭中，家长辅导孩子作业最后常常演变成批评和责骂。长久下去，孩子会对作业、对家长辅导作业产生排斥心理。家长要努力找出孩子的优点和长处，更多地给予积极的反馈，让孩子产生积极的体验。

9. 确认孩子在交作业

有时候是忘记，有时候是不愿意让老师批改，有时候是因为没有完成，孩子没有将作业交给老师。作业是教师了解学生学习状况的重要指标，家长要和各科老师经常保持联系，主动询问孩子的在校表现和作业情况。

10. 必要时请家教

到了高年级，很多题目家长也无法判断对错，无法进行辅导。如果孩子跟不上学校的教学进度，也不能接受家长的指导，可以为孩子找一个合适的课外辅导老师。

11. 表达出在意孩子的作业和学习

学科学习和完成作业能够锻炼孩子的各种能力，包括思维、管理、坚持、控制等心理品质。家长要对孩子的学习和作业表达出兴趣和关心，和孩子一起养成终身学习的观念。

孩子自暴自弃怎么办？

- 方法 1　帮助孩子形成正确的归因观
- 方法 2　帮助孩子对事物形成积极的期望

明明很认真地学习，可是测试成绩出来并不理想。明明开始自暴自弃，在课上睡觉，或者和人聊天，即使快到期末考试了，他都不愿复习。老师和父母说起明明在学校的表现，父母很焦急。

小学低段的学习作务相对简单，到了中高段难度会增加，孩子之间的差距逐渐加大。一些孩子会保持努力进取的状态，按照自己的步调不断前进。也有一些孩子，感觉自己的努力没有效果，开始出现自暴自弃、破罐子破摔的情况。

当孩子认为，自己无论如何努力，最后都注定失败时，就会放弃努力，并为失败和放弃寻找借口，这种情况我们称为**自我阻碍**。

孩子出现自暴自弃，一方面可能是因为家长和老师给予孩子不恰当的期望，让他们形成了刻板印象，比如女孩理科就是弱，男孩子就是坐不住，爸妈的劣势会遗传给孩子，等等。另一方面，孩子可能形成了不恰当的归因模式，倾向于将成败归因于外部的因素。

平时，家长可以训练孩子，将成败更多归因于内在可控的因素。

	稳定性		内在性		可控性	
	稳定	不稳定	内在	外在	可控	不可控
能力高低	+		+			+
努力程度		+	+		+	
任务难度	+			+		+
运气好坏		+		+		+
身心状态		+	+			+
外界环境		+		+		+

在影响孩子学习的各种因素中，家长和老师的期望，对孩子具有巨大影响。相信孩子，对孩子抱以高期望，不断鼓励和支持孩子，是家长给予孩子最好的帮助。当孩子怀疑自己的能力、感觉坚持不下去的时候，家长更应该对孩子表达出积极、乐观的期望和信念：事情会向好的方向发展，只要付出努力，就会有收获和成长。

亲子活动

活动 1　幸运之神

- **目的**　帮助孩子形成乐观的解释风格。
- **要点**　用幽默感带出乐观的生活态度。
- **过程**　孩子先说一件事，家长用"不幸的是……，幸运的是……"的句式回应。比如，孩子说"我这次考试不及格"，家长说："不幸的是，我又要接到老师的电话了；幸运的是，你知道自己哪些内容需要加强了"。

> **提示**　事情本身都是中性的，好与坏是人为设定的。家长要帮助孩子学习从各个方面，尤其是积极乐观的方面看待事物。

活动 2　成功证明

- **目的**　帮助孩子看到自身的优势和积极面。
- **要点**　放大拥有的优势和积极面。
- **过程**　家长和孩子一起从过去的生活中、他人的经历中、喜欢的人物身上，寻找能够克服当前困境的方法。家长可以问问孩子：以前有过成功的经历吗？以前是如何保持正常水平的？当家长和孩子一起找到类似的故事和办法后，家长可以为孩子颁发一张证书，证明孩子曾经取得过成功，并可以从中获得经验和方法，在以后的学习中取得成功。

> **提示**　多花一些时间和孩子讨论过去的成功经验，并从多个角度问问孩子"你是如何做到的"。

活动 3　家族树

- **目的**　帮助孩子继承家族优秀传统。
- **要点**　为孩子提供家族成员的各种资料。
- **过程**　罗列出爸爸妈妈双方的家族成员，说说每个成员的故事和成就。按照亲戚关系，将成员摆放在家族树上。

> **提示**　还可以编一个家族成员的故事集或小传。

 **成长茶吧**

防止孩子产生"习得性无助"

1968年,美国心理学家塞利格曼在实验中发现,捆绑着的狗受到痛苦电击而又无能为力,最后会放弃挣脱的尝试,只是低声哀鸣,被动地接受电击;即使给它们松开绳子,可以容易地躲开电击时,它们也不会尝试躲避。这种现象称作"习得性无助"。

对很多孩子来说,学习是一件不容易的事情。如果在学习中屡次遭受打击,孩子就可能出现"习得性无助",形成一种"防御性悲观主义"。比如,孩子某次语文考试成绩不好,就会想:我永远学不好语文,每次语文都考不好,我会不会是班里最笨的人。而有些父母会安慰孩子说:"老爸老妈文学细胞少,你也不是学语文的料。"还有些父母可能会指责孩子说:"真是笨,连这都能做错。"

孩子和父母对这件事的解释风格,会让孩子感到自卑,难以继续努力学习。习得性无助会让孩子自我设限,把失败的原因归结为自身不可改变的因素,放弃继续尝试的勇气和信心。他们怀疑自己的能力,通过避免失败来保护自尊。

习得性无助的孩子可能会有以下几点表现:

1.不作为。孩子为了避免最后的失败,会在任务的一开始就不投入其中。包括回避老师和家长的视线,躲在自己的空间中,推脱回应学习的机会,严重的会出现辍学和拒绝上学的问题。

2.假装努力。当老师和家长关注孩子是否努力时,习得性无助的孩子会表面上参与一些学习活动,比如花很长时间书写,积极回答简单的问题,做出思考和讨论的行为等。

3.拖延归咎。为了避免努力白费,孩子会在临近考试时,才开始学习,这样就可以将失败归因于不合理的时间安排。还有些孩子会将失败的原因归为天气冷暖、身体疾病、吵闹嘈杂等外部因素。

4.过高目标。为了提前为自己的失败寻找借口,有些孩子会一开始制定不切实际的目标,这种目标就连能力强的其他同学可能也无法实现。这样当结果失败时,孩子就不会让人认为,失败是因为自己能力不足。

具有习得性无助的人会产生消极思维，这种思维体现在永久性维度和普遍性维度上。永久性维度决定一个人会放弃多久，对坏事永久性的解释会造成长期的无助，而暂时性的解释则可以迅速恢复。普遍性维度决定一个人会把无助带到生活的各个层面，还是只维持在原来的地方。

孩子某次考试成绩很糟糕，并不等于成绩永远糟糕，更不等于他就是最笨的人。多数人经过努力是可以达到合格的水平，并能取得好成绩。家长可以说："你能学好数学，你以前也取得过好成绩""偶尔几次没有考好很正常，重要的是要坚持努力""让我们一起分析一下，从这次考试中能学习到什么"等。

这些话语能够帮助孩子形成积极的解释风格，把孩子碰到的困境解释为暂时性的、特殊性的原因，指出这是可以改变的因素。孩子听到这样的解释，不仅心情得到安慰，自信心也会有所恢复，更有可能认清自己，开始走向正确的方向。家庭是孩子最为重要的心理港湾，家长要让孩子在家中感受到尊重和接纳，可以让孩子决定自己的一些行为，获得成功的体验。

孩子缺乏学习动机怎么办？

- 方法 1　让孩子获得成就体验
- 方法 2　多进行挑战性创新性的行为活动

　　以前小亮课堂上总是积极回答问题、完成作业，多次获得老师的表扬。可到了小学高年级，随着学习难度加强，小亮不是每次都能回答对问题，老师表扬次数变少了，小亮也逐渐在学习上表现得不那么积极了，对学习活动也提不起兴趣。父母看到小亮的学习状态非常焦虑，不知道该怎么办才好。

有时候，学习是件充满乐趣的事情；也有些时候，学习会让孩子觉得枯燥乏味。当孩子的学习是为了避免对自己的消极评价，寻求对自己的积极评价时，他们就会更加关注学习结果受到奖励还是惩罚，看重自己是否能够取得好成绩，会回避具有挑战性的学习任务，容易觉得学习枯燥和辛苦，并容易丧失学习兴趣和动机。孩子缺乏学习动机时，可能会刻意回避学习中需要深入思考的部分，出现偏科等情况。

学习并非只是为了获得知识、技能和好成绩，更重要的是通过学习获得学习的方法，为今后的终身学习打下良好基础。我们希望孩子将学习看作获得知识、提升能力和自我发展的过程，学习由好奇、挑战和乐趣等内部动机驱动。

家长要帮助孩子在学习任务中获得成就体验，在合作学习中增进亲子和朋友之间的亲密关系，在探索和解决问题过程中获得掌控感。同时，家长要允许孩子按照自己的步调，调整学习进程，多关注孩子在学习中表现出的积极品质，鼓励孩子多进行具有挑战性和创新性的学习行为和活动。

提升孩子学习内部动机活动要点	
突出学习意义	• 将学习与生活联系起来
提供参与机会	• 询问孩子对学习、班级和学校的意见
鼓励挑战行为	• 弱化排名和比较，强调自我提升
营造支持环境	• 支持孩子与成人、同伴进行合作学习和小组学习

# 亲子活动

活动 1　生活目标

- **目的**　探寻生活的短期和长期目标，让孩子获得成就体验。
- **要点**　鼓励孩子大胆设定看似不切实际的目标。
- **过程**　和孩子一起制定短期和长期目标，并定期和孩子总结记录。在过程中经常询问孩子一些关于自己生活和发展的问题，尤其是在发生重大事件，或让孩子印象深刻的事件时。这些问题可以帮助孩子思考生活的意义，为人生规划做好准备。当孩子对某个职业或某个工作领域产生兴趣时，家长要尽力提供相关的资源，帮助孩子深入了解。

经常问孩子问题

- 你想成为什么样的人？
- 你想过什么样的生活？
- 你想改变自己或者改变生活的什么地方？
- 你最喜欢的职业是什么？

提示　每前进一步，达到一个小目标，就会体验到"成功的喜悦"，这种"感觉"将推动孩子充分调动自己的潜能去达到下一个目标。

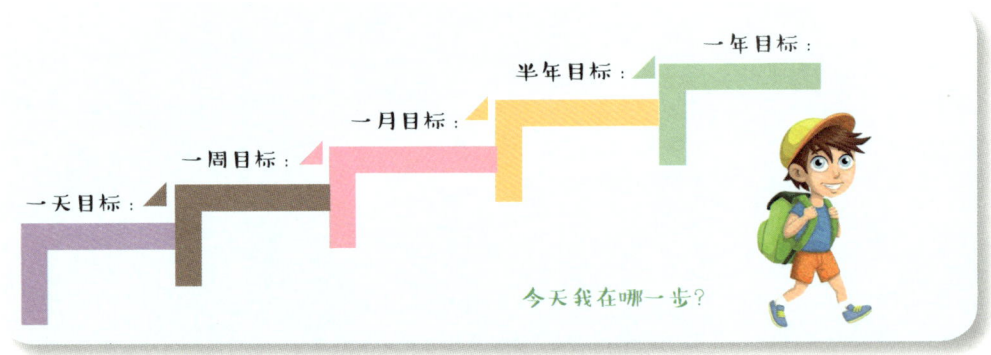

活动2　生活导师

- **目的**　帮助孩子开阔生活视野。
- **要点**　孩子定期和生活导师一起活动。
- **过程**　在家族或家长的朋友圈中寻找一个人,孩子喜欢和他(她)谈话和活动,他(她)也能带给孩子很多新鲜的故事、知识和技能,定期组织共同参与的活动,然后和孩子聊聊有什么想法和感受。

> **提示**　生活导师的选择最好和家长熟悉的生活有一定差异,这样才能提供孩子不同的人生故事和思考视角。

活动3　志愿服务

- **目的**　训练孩子参与社会活动的能力。
- **要点**　在活动中与各个行业和各种职业的人交流。
- **过程**　带领孩子参加社会公益组织的志愿服务活动,包括帮助弱势群体、维护环境卫生、宣扬生态保护等。请孩子与工作人员、服务对象进行直接交流。鼓励孩子用更具创造性的方法,贡献自己的力量。

> **提示**　如果孩子喜欢,可以定期参加特定的社会公益服务活动。

成长茶吧

培养孩子坚毅的品质

在孩子成长的过程中,家长要努力培养孩子形成积极的心理品质。如果孩子清晰地知道自己想要什么,拥有明确的生活和学习目标;如果孩子能坚持自己的目标,遭受打击和挫折后也不放弃,还能保持热情和勤奋,那么孩子就拥有了坚毅的品质。美国心理学家安杰拉·达克沃斯采访了商界、文艺界、体育界、新闻界、学术界、医学界和法律界的领导者,发现那些成功的人都具有坚毅的品质。

达克沃斯开发了用于测验一个人坚毅性的量表,家长可以自己测验一下,也可以对照孩子的情况进行测验:

- 1.新的想法和项目有时会将我从旧的想法和项目中抽离。
- 2.挫折不会让我气馁,我不会轻易放弃。
- 3.我经常设定一个目标,但后来又会选择另一个不同的目标。
- 4.我是一个努力工作的人。
- 5.需要花费几个月时间才能完成的项目,会让我比较难以集中精力。
- 6.无论我开始做什么,我都会把它做完。
- 7.我的兴趣每年都在变化。
- 8.我很勤奋,而且从不放弃。
- 9.我曾在短时间内迷上一个想法或项目,但后来又失去了兴趣。
- 10.我曾经克服了种种挫折,征服了一个重要的挑战。

在这些题目中,2、4、6、8、10表现了一个人的坚毅性,1、3、5、7、9表达的意思正相反。

有一些研究发现，坚毅是人们取得成功的重要心理品质。家长可以通过接纳、尊重和树立规则等方式，培养孩子的坚毅品质。

家长的接纳表现为：孩子遇到问题时，能够帮助他；愿意花时间，听孩子诉说心事；和孩子在一起时，感到开心和快乐；经常鼓励和赞美孩子。

家长的尊重表现为：支持孩子保留自己的观点；允许孩子质疑自己的说法；尊重孩子的隐私；在安全的前提下，尽可能给孩子自主空间；允许孩子做出自己的决定。

家长的规则表现为：常常就重要的事情，在家庭成员之间达成共识；让孩子对自己的言行负责；为孩子指出更好的建议和做法；对孩子保持高标准和高要求。

学习是一件充满挑战的事情，过程中难免会经历失败和痛苦。家长要在家庭中营造坚毅的文化，困难时陪伴在孩子身边，用充满希望和乐观的态度感染孩子，让孩子相信通过不懈的努力，可以实现自己的理想。

孩子题目检查了还出错怎么办？

- 方法 1 培养孩子检查的习惯
- 方法 2 明确检查的具体方法和技巧

老师要求做完题目后要检查，阳阳觉得自己认真检查过了，可是最后题目还是会出错。阳阳的父母担心孩子不重视检查，在一些会做的题目上失分，影响学习成绩。

检查是一种重要的学习策略，是对自己学习结果的评估。家长、老师要求孩子做完作业要检查，是为了让孩子养成良好的学习习惯，在会做的题目上尽量少失误。

大多数的孩子可能并没有重视检查这个步骤，即使他们嘴上说检查过了，但他们常常也不知道检查的具体方法。家长要帮助孩子重视检查这个步骤，培养孩子对检查的兴趣与习惯，让孩子明确检查的方法和技巧。

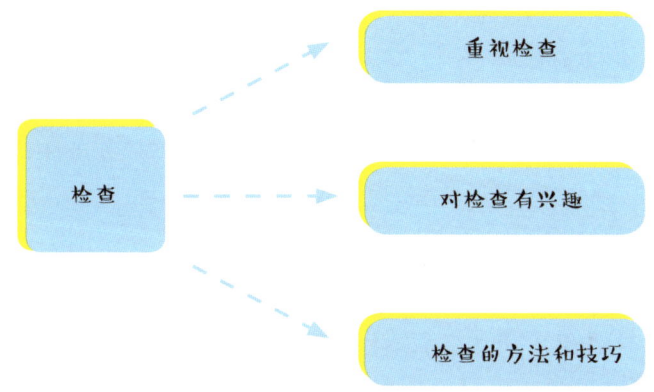

不同学科检查题目的流程和方法不同。语文和英语可以出声读一遍，根据语感检查；数学检查可以重新再算一遍，或核对单位等细节，或用答案代入关系做逆运算；科学可以举一个生活常识或特殊例子来检查答案；有些学科检查时还需要再次核对题目要求。

检查项目	具体要求
是否抄错题	是否漏抄、抄错、漏写数字、百分号、计算符号等
要求	把题目要求用自己的话讲一遍
格式	看格式是否正确
缺漏	是否漏做题目，解题时跳跃步骤
过程	代入涉及的运算规则重新验算一遍
书写	字词、符号、格式等是否有误

亲子活动

活动 1 大家来找茬

- **目的** 培养孩子检查习惯。
- **要点** 强调运用一定的方法查找错误。
- **过程** 孩子做完题目后,家长和孩子在同样的时间内,例如 10 分钟内,一起来找完成的题目里的差错。父母找到孩子没有找到时,父母可引导孩子,缩小范围去查找错误或给孩子一些提示,直到孩子找到作业中的全部错误。

活动 2 检查清单

- **目的** 帮助孩子按照程序,运用技巧进行检查。
- **要点** 即使某个步骤没有错误,也要按照步骤一个一个环节地完成。
- **过程** 孩子完成题目后,用 10 分钟检查差错。然后按照检查清单,讲述检查的过程。

数学解题步骤	完成情况
通读题目	
圈出重点信息和要求	
将文字转化为数学关系	
找到数学原理和题目类型	
运用原理进行运算	
检查单位	
将答案代回算式验算	

提示 比如数学的解题步骤,可以将检查作为解题的完整环节,用解题清单的形式帮助孩子学习,让孩子熟练使用检查技巧,对检查步骤重视起来。

成长茶吧

学习解决问题

美国著名的数学家波利亚认为，解数学题的思维，能引起关心创造和发现的人们的兴趣，希望数学有机会成为人们生活中的一部分。

小学阶段是学好数学的重要阶段，在这个阶段孩子能培养出对数学的兴趣和爱好，愿意思考数学问题，愿意用数学思维思考问题。有兴趣的学习与被动的学习是两种完全不同的学习方式。主动学习数学将对孩子今后的发展，产生不可估量的影响。

现在很多家长将数学学习等同于练习做题。我国奥数研究者孙路弘认为，数学思维需要准确的理解、灵活的思考以及严谨的操作。大量做题的做法会对孩子的数学学习产生负面影响：形成做题的惯性，形成一套标准的流程做法；学习新的内容时，不关注内容的作用，而仅仅关注能用于做题的部分；思维定型为做题模式。这些影响对孩子的思维发展、灵活掌握知识，以及将来将其运用于改善自己的生活、迎接新事物的挑战，都没有帮助。数学要慢慢学，尤其要注重解题结束后的检查和总结。

在《怎样解题》一书中，波利亚认为解决问题之后的回顾检查是一个重要的环节。题目做完了，应该吸引孩子进一步回味。通过回顾完整的答案，重新斟酌、审查结果及导致结果的途径，孩子能够巩固知识，并培养他们的解题能力。充分的研究和洞察可以将任何解题方法加以改进；而且无论如何，总可以深化孩子对答案的理解。有时候，这种深化表现为提出新的问题。

孩子的数学题目做错，主要有以下几种错误：无心或粗心的失误，步骤跳跃导致的错误，规则运用模糊导致的错误，题意理解偏差导致的错误，计算错误，概念理解错误等。这些错误都是在解题结束后，需要好好回顾总结的类型。

大脑加工信息有快有慢，检查题目将大脑切换到慢加工状态。快速加工的信息，在大脑中留下的痕迹浅，神经元之间的联系也弱；那些加工速度缓慢，且不断重复的信息，才能在大脑中留下深刻的印象，在神经元之间建立牢固的联系。

孩子题目检查了还出错怎么办？

波利亚认为，如果学生们确实做出了努力，并且意识到自己已经干得不错的话，他们将会发现回顾解答的过程实在很有意思。接着他们会急于想知道，他们在这样的努力下还能获得什么，以及下次怎样做得同样出色。我们应鼓励孩子想象一些情况，在其中他们可以再次利用这些使用过的解题程序，或者已经获得的解答。